LA BIRRA IN TAVOLA E IN CUCINA

LEONARDO ROMANELLI

LA BIRRA IN TAVOLA E IN CUCINA

100 RICETTE ORIGINALI PREPARATE CON LA BIRRA

MONDADORI

Mondadori Libri Illustrati

Prima edizione: febbraio 2013

www.librimondadori.it

Sommario

PRESENTAZIONE

Sembrano passati davvero anni luce da quando le persone interessate alla buona tavola si dividevano tra chi beveva birra e chi invece preferiva il vino per pasteggiare: oggi si può dire che la discussione avviene, più semplicemente, tra chi ama bere bene, senza eccessi, con la giusta dose di curiosità che lo porta a sperimentare nuovi sapori, e chi invece trangugia qualunque liquido abbia effetto euforizzante, senza badare a quanto viene servito nel bicchiere. In Italia la birra ha avuto un notevole incremento nei consumi durante gli anni Settanta, quando fu proposto l'abbinamento con la pizza nelle pizzerie, che si diffondevano allora in maniera capillare. Al successo di tale pietanza come prodotto trasversale, amato da tutti, senza distinzioni, si pensò allora che la bevanda più adatta ad accompagnarla dovesse essere anch'essa nuova: da qui la scelta ricadde sulla birra, sempre più protagonista a tavola.
Il successo è stato rinnovato in tempi recenti grazie all'affermarsi dei cosiddetti birrifici artigianali, che hanno aumentato la gamma dei prodotti a disposizione del consumatore. Ordinare una birra, oggi, significa fare la scoperta di un mondo estremamente variegato, con colori e sapori spesso sorprendenti e inaspettati, comunque piacevoli. Mancava forse,

vista l'estrema diffusione di questa bevanda, un ricettario che permettesse alla birra di essere protagonista in cucina, oltre che a tavola. Così come il vino caratterizza una serie di ricette che hanno fatto la storia della gastronomia regionale italiana, la birra può assumere infatti un ruolo di primo piano tra i fornelli, riuscendo a dare ai piatti un tocco di aroma e gusto meno consueti. Come sempre, la riuscita avviene se si conosce la tipologia di birra più adatta per quel tipo di pietanza, cercando di esaltarne al meglio le caratteristiche principali a livello organolettico. Poi, a tavola, il gioco è quello di creare il matrimonio perfetto, il *mariage*, per usare il termine francese, che indica il legame indissolubile che si può instaurare tra cibo e birra: non è detto che quella utilizzata per cucinare sia adatta anche ad accompagnare il piatto preparato, si possono creare nuovi sapori e profumi che necessitano di un prodotto diverso. Il gioco divertente sta proprio in questo: riuscire a creare un percorso variabile, con il vantaggio di non avere mai un alimento eccessivamente alcolico, il che permette di arrivare alla fine di un pasto contenti e felici dell'esperienza vissuta.

Leonardo Romanelli

INTRODUZIONE

"Birra e sai cosa bevi": è uno slogan nato in Italia negli anni Settanta, che ancora oggi viene ripetuto dalle persone quasi a riassumere, in una sola frase, il successo di un prodotto che, nel nostro Paese, ha avuto un gradimento sempre crescente da parte di un pubblico estremamente variegato.

CENNI STORICI

Non è dato sapere se esiste un "inventore" della birra: forse, come è avvenuto per tanti altri alimenti, la sua nascita si deve al caso. Fino a quando l'uomo non è stato stanziale, è comunque difficile pensare che potesse trovare gli ingredienti fondamentali per la produzione della bevanda, quindi è più probabile che la creazione di un primo liquido con caratteristiche paragonabili alla birra attuale sia da far risalire all'introduzione dell'agricoltura e delle conseguenti coltivazioni: qualcuno afferma addirittura che sia stata proprio la voglia di bere birra a convincere alcune tribù a cessare il nomadismo per diventare sedentarie. È ipotizzabile, invece, che la birra sia nata in varie zone del mondo quasi contemporaneamente, poiché sono diversi i cereali che danno modo agli zuccheri, contenuti in essi, di iniziare una fermentazione grazie ai lieviti presenti nell'aria. Uno dei cereali più diffusi nell'antichità era l'orzo e, per la sua conservazione, la scelta di riporlo in vasi pieni d'acqua, per proteggerlo dall'assalto di vermi e roditori, sembra abbia fatto iniziare la produzione: merito della fermentazione alcolica, che arricchiva l'acqua di una componente particolarmente gradita all'uomo primitivo.

La prima traccia di birra proviene dalla zona che corrisponde all'attuale Iran, e si fa risalire a circa 7000 anni fa. Altre tracce interessanti sono venute alla luce in Mesopotamia, dove una tavoletta sumera ritrae persone intente a bere un liquido con una cannuccia. Si ritiene che a Babilonia, la città più importante di quell'area, fossero addirittura venti le varietà di birra disponibili. Nello stesso periodo anche gli egizi producevano birra, utilizzata nei sacrifici alle varie divinità, anche se la popolazione la apprezzava durante i pasti, tant'è che le fabbriche di birra erano controllate direttamente dai faraoni, vista la quantità prodotta. Greci e romani erano fondamentalmente popolazioni che producevano vino, ma amavano consumare birra: si tramandarono anche delle conoscenze per la produzione e i romani le assegnarono il termine *cerevisia*, derivante dal nome della dea dell'agricoltura, Cerere, e da *vis* che significa forza. Mai apprezzata completamente, in seguito fu adottata come bevanda dalle popolazioni barbariche, che certo non avevano il tempo e la voglia di coltivare la vite per ottenere il vino, che i romani ritenevano più nobile e raffinato.

Nel Medioevo il consumo di birra si diffuse soprattutto nel Nord Europa, là dove era impossibile una coltivazione regolare della vite; dove invece il vino era la bevanda principale, la birra veniva consumata dalle popolazioni meno abbienti, poiché permetteva di bere acqua almeno in parte purificata, grazie alla sterilizzazione. Fare birra è rimasta un'attività artigianale per molti anni, ma sono stati soprattutto i monasteri e le abbazie i luoghi nei quali si è potuta iniziare una produzione regolare e di qualità: tra le scoperte che ne hanno consentito il commercio, si deve proprio ai monaci l'introduzione del luppolo, che ha permesso una più lunga conservabilità, rendendo possibile stoccare la birra nelle botti per il trasporto. Tutto questo accadeva nel XIII secolo, anche se i primi esperimenti sull'uso del luppolo erano partiti fin dall'800 della nostra era. Prima di allora si utilizzavano spezie, erbe aromatiche o bacche per rilasciare aroma alla birra e bilanciare la dolcezza degli zuccheri dei cereali, oppure misture vegetali che variavano a seconda delle zone: la più famosa prendeva il nome di Gruit. Oltre alla Germania, i Paesi dove si diffuse la cultura delle produzione, pur assumendo da subito stili diversi, furono i Paesi Bassi, le Fiandre e l'Inghilterra. La Rivoluzione industriale del XVIII secolo ebbe un ruolo fondamentale per lo sviluppo di una produzione che, nata familiare, diventò in seguito artigianale, per poi iniziare ad assumere, da questo periodo, dimensioni sempre più vaste: tra le innovazioni principali occorre ricordare il termometro, per controllare la temperatura di fermentazione, e il densimetro, adatto a valutare la densità di un liquido consentendo la scelta migliore dei malti da utilizzare nella produzione. Dall'Europa la tradizione produttiva si è spostata negli altri continenti, in Australia e negli Stati Uniti in particolare, grazie all'immigrazione, dando luogo alla formazione di stili di produzione differenti. È invece più recente il fenomeno dei microbirrifici, nato negli Stati Uniti, che ha permesso di aumentare l'offerta in maniera esponenziale, tanto che attualmente la birra è disponibile in centinaia di gusti diversi, con produzioni che sono limitate ad ambiti locali o che possono avere, al contrario, dimensioni intercontinentali, come nel caso delle industrie multinazionali.

INGREDIENTI

Oggi è possibile fare la birra in casa e molti appassionati ci provano; qualcuno di loro, in maniera graduale ma spinto da sano entusiasmo, l'ha fatta diventare una vera professione, creando il proprio birrificio artigianale. Si inizia con un kit, venduto già pronto, dove sono mescolati i vari ingredienti che poi, con l'aggiunta dell'acqua, danno luogo alla formazione di un liquido che, soprattutto le prime volte, ha una vaga somiglianza con la birra! Conviene allora specificare quali sono i principali ingredienti da utilizzare.

Cereali

La birra si ottiene da qualunque tipo di cereale, e questo è il motivo della sua enorme diffusione nel mondo: il problema principale sta nel rendere disponibili gli zuccheri presenti in essi, perché siano in grado di fermentare, e ciò avviene con la cottura, come nel caso del granturco, oppure attraverso il processo detto di maltizzazione, ovvero la trasformazione dell'orzo (il cereale più impiegato nella produzione) in malto. Per riuscire ad avere zuccheri pronti per la fermentazione si fa germinare l'orzo inserendo i chicchi in ambiente umido: quando si ritiene che la germinazione sia arrivata al suo stato ideale, la si interrompe, riportando i chicchi in ambiente secco. Ora inizia la seconda fase, che riguarda la tostatura ovvero la cottura in forno: a seconda della temperatura e della durata, la colorazione del malto sarà più o meno scura, elemento che caratterizzerà la colorazione successiva della birra e le sue caratteristiche. A questo punto si tratta di scegliere se usare altri cereali da aggiungere nella birra: mais e frumento in genere sono tra i più diffusi, ma si possono avere birre prodotte con riso in Asia, con avena e manioca oppure miglio e sorgo in Africa. La miscela di cereali, o anche l'utilizzo di uno solo di questi, sarà importante per definire quello che sarà lo stile di birra che si vorrà ottenere.

Luppolo

È uno degli ingredienti responsabili della parte aromatica e ha lo scopo di creare un piacevole contrasto rispetto alla dolcezza fornita dalla presenza del malto. Si utilizzano le parti femminili del fiore, quelle che non hanno subito fecondazione. Ciò che dona il sapore gradevolmente amarognolo è il luppolino, che contiene acidi amari e oli essenziali. Dovendo classificare i luppoli, si possono suddividere in amari, aromatici e misti, da usare in base al gusto che si vuole ottenere. Il periodo di raccolta del luppolo è all'incirca lo stesso dell'uva, e quando lo si può impiegare fresco si ottengono i risultati organolettici migliori; altrimenti si deve congelare o disidratare oppure ricavarne un estratto, con risultati meno felici.

Elementi aromatici

Soprattutto in questi ultimi anni gli ingredienti inseriti per dare alle birre profumi e aromi diversi dalla norma sono aumentati. Tra la frutta, sono un classico le birre che vedono protagonisti la ciliegia e il lampone; in tempi più recenti si è cominciato a usare anche la banana e l'albicocca, ma le potenzialità sono infinite e ancora non

completamente esplorate. Interessante inoltre l'aggiunta di scorze di agrumi, come arance o mandarini. Altre piante invece sostituiscono o integrano il luppolo: si tratta di castagne, rosmarino e canapa. Nel periodo natalizio è diventata anche da noi una tradizione, come già nel Paesi del Centro e del Nord Europa, per esempio, preparare la cosiddetta "Birra di Natale", che può cambiare a seconda degli anni e che vede le spezie come elementi caratterizzanti il gusto: zenzero, coriandolo, chiodi di garofano, alcune varietà di pepe, noce moscata e così via.
Infinite possono essere le combinazioni che integrano i diversi elementi perché gli abbinamenti possono essere davvero innumerevoli, basti pensare all'impiego del miele e persino del mosto di vino.

Acqua

È facile scordare che l'acqua rappresenta, in realtà, uno degli elementi essenziali per la buona riuscita della birra, visto che la percentuale presente varia dall'85 al 90%. Ogni birrificio tende a trattare l'acqua, per riuscire ad avere ogni volta le stesse caratteristiche, che ritiene determinanti per la buona riuscita della bevanda. Ecco perché si possono preferire acque povere di sali minerali e altre più dure.

Lieviti

Sono dei funghi responsabili della trasformazione degli zuccheri, presenti nei cereali, in alcol e anidride carbonica. Pur avendo un numero considerevole di ceppi di lieviti che svolgono questo lavoro, per la produzione di birra si utilizzano lieviti che agiscono essenzialmente in due modi: quelli che lavorano ad alta e quelli che agiscono a bassa temperatura. Sono definizioni standard, perché i gradi di fermentazione non sono mai eccessivi, ma servono per far capire meglio il loro utilizzo ideale. Nel primo caso si usa il lievito chiamato *Saccharomyces cerevisiae*, che agisce tra i 12 °C e i 24 °C ed è stato individuato dallo scienziato francese Louis Pasteur. Con questo tipo di lavorazione si ottengono le birre che vengono classificate come Ale.
Nel caso della bassa fermentazione il lievito protagonista è il *Saccharomyces carlsbergensis*, che interviene a una temperatura compresa tra i 7 °C e i 13 °C e dà luogo alla preparazione delle birre definite Lager.
Per le birre che prendono il nome di

Lambic non esiste una selezione di lieviti utilizzata, perché sono sfruttati quelli presenti nell'aria: questo fa sì che siano parecchi i lieviti che entrano in azione e spesso, durante la produzione delle suddette birre, si deve operare in modo da diminuire l'acidità che si è formata dopo la fermentazione.

FASI DELLA PRODUZIONE

Il processo di produzione della birra può essere schematizzato in questa sequenza di fasi.

1) Germinazione

L'orzo e gli altri cereali utilizzati sono posti in speciali vasche dove riceveranno acqua e aria, indispensabili per accumulare l'umidità necessaria per dare avvio al processo. Bisogna attendere 3-4 giorni, poi i chicchi vengono trasferiti in luoghi aerati.

2) Essiccazione o tostatura

Quando i germogli avranno raggiunto una lunghezza di circa due terzi rispetto a quella del chicco, si interrompe il processo, riducendo l'umidità fino a farli essiccare completamente tramite asciugatura, oppure cuocendoli a temperature più o meno elevate.

3) Ammostatura

Il malto ottenuto viene macinato e ridotto a farina piuttosto fine: lo si unisce ad acqua calda (circa 65 °C) e inizia così il processo di trasformazione dell'acqua in mosto, provocata dall'azione degli amidi presenti che si scompongono in zuccheri.

4) Filtrazione

È la fase per cui la parte solida derivante dalla presenza del malto viene separata dalla parte liquida.

5) Cottura

Avviene in tini tradizionalmente di rame e il tempo varia a seconda del tipo di birra, ma è comunque compreso tra 1 ora e 2 ore e mezzo. Questo è il momento determinante per garantire la qualità della bevanda ed è quello che assume l'importanza più rilevante; sempre in questa fase avviene l'aggiunta del luppolo. Dopo questo step si procede a separare ancora una volta gli elementi torbidi che possono nuocere alla formazione della birra.

6) Raffreddamento

A questo punto la massa liquida viene raffreddata per fare in modo che inizi la fermentazione: in base allo stile che si vuole ottenere si raggiungerà una temperatura di circa 6 °C, nel caso di bassa fermentazione, o di 15 °C nel caso di alta fermentazione; si unisce inoltre ossigeno per favorire il processo in maniera ottimale.

7) Fermentazione

Si divide in due fasi: in quella definita principale, della durata di 3-4 giorni, avviene la trasformazione degli zuccheri in alcol e anidride carbonica. In seguito si svolge la fase secondaria, definita anche maturazione, della durata di circa 4-5 settimane, che si svolge in vasche dove la birra è conservata a una temperatura vicina a 0 °C: questo favorisce l'illimpidimento, l'equilibrio delle varie componenti e la saturazione di anidride carbonica.

8) Pastorizzazione

Non tutte le birre vengono sottoposte a questa fase, che ha come scopo principale quello di aumentare la conservabilità. Quando questo processo non viene applicato, le birre prendono la definizione di "crude".

9) Filtrazione e imbottigliamento

Prima di essere imbottigliata o messa nei fusti per il servizio alla spina, la birra viene filtrata ancora una volta. Nel caso delle birre rifermentate in bottiglia, si ha un'ultima aggiunta di lieviti, che permettono in seguito di ottenere un prodotto più alcolico.

CLASSIFICAZIONE DELLA BIRRA

La birra può essere classificata in base a una serie di parametri che dipendono da vari fattori, per esempio il tipo di lievito, il colore, la gradazione, ma quello che meglio definisce la birra è lo stile birrario, che risulta anche il più preciso. Troppo spesso, infatti, si definisce una birra chiara come leggera e beverina quando invece può risultare fortemente alcolica e, viceversa, una birra scura può essere bassa di gradazione e facile a essere bevuta.

Lieviti

Ale: sono le birre che vengono prodotte con i lieviti che agiscono durante la fermentazione a temperature elevate, anche se il termine "alta fermentazione" non deriva dalla temperatura, ma dal fatto che i lieviti lavorano sulla superficie della massa fermentante. Sono le più diffuse nel mondo anglosassone e in Belgio.

Lager: sono le birre prodotte con i lieviti che agiscono durante la fermentazione a bassa temperatura, ma anche in questo caso il termine "bassa fermentazione" che le contraddistingue deriva dal fatto che questi lieviti lavorano sul fondo delle vasche e non dalla temperatura. Tipiche del mondo tedesco, dove la metodica è stata scoperta, e del Nord Europa, sono le più diffuse al mondo, grazie alla capacità

di essere conservate nel modo migliore risultando più stabili.
Lambic: caratteristiche della parte meridionale del Belgio, non utilizzano lieviti selezionati ma quelli indigeni del territorio dove sono prodotte, dando luogo a una fermentazione definita spontanea.

Colore

La distinzione per il colore più comunemente utilizzata è quella che suddivide le birre in chiare, ambrate e scure: ne risultano così giallo paglierino, giallo ambrato o bruno, fino ad arrivare al colore nero. Questo dipende dalle differenze nei processi di maltazione, e quindi nelle caratteristiche, anche di colore, dei vari malti utilizzati nelle miscele.

Gradazione

Un'ulteriore classificazione riguarda il contenuto in alcol, ma più che per il consumatore la classificazione, a seconda dei Paesi produttori, ha importanza per le tasse che devono essere pagate sul prodotto. Esistono anche le birre analcoliche, dove la presenza di alcol etilico è molto bassa, in quanto viene interrotta la fermentazione prima della trasformazione degli zuccheri presenti in alcol.

STILI BIRRARI

Conviene soffermarsi sui principali stili birrari, quelli cioè che hanno già, al loro interno, molteplici varianti che portano a ottenere birre che, pur appartenendo allo stesso stile, hanno gusti e caratteristiche diversi per il consumatore.

Ale

Oltre che una distinzione per il tipo di lievito utilizzato, le Ale sono birre dallo stile birrario ben definito: si differenziano fondamentalmente in base al Paese nel quale hanno avuto origine e quindi esistono le Ale belghe, inglesi e tedesche. Il primo gruppo si caratterizza per un gusto particolarmente fruttato e speziato.
Fra gli stili che è più facile trovare si possono distinguere le:
Dubbel: di colore scuro e secche al gusto;
Tripel: di colore chiaro, di buona alcolicità e con un contenuto in luppolo non elevato;
Trappiste: sono diverse tra loro, a seconda dello stile imposto dai monaci trappisti che le producono. Il termine

trappista rappresenta una sorta di "doc", riservato alle birre prodotte ancora direttamente dai monaci in poche specifiche abbazie. Assai più diffuse le birre "d'Abbazia" che si rifanno allo stile di un'abbazia storica, magari non più esistente, ma prodotte a livello industriale.

Le Ale inglesi sono rimaste a lungo sconosciute in Italia, ma gli stili birrari sono oggi adottati anche dai microbirrifici presenti nel nostro Paese. Tra i più conosciuti si possono elencare:

Bitter: sono le birre più classiche, dal colore ambrato, basse di gradazione e dal gusto amaro messo abbastanza in risalto;

Indian Pale Ale: nate per essere esportate nelle colonie, avevano un utilizzo importante di luppolo, che donava loro un gusto amaro vivace. Spesso, ma non sempre, presentano anche una maggiore gradazione alcolica.

Le Ale tedesche sono considerate delle vie di mezzo, in quanto i lieviti impiegati sono quelli da alta fermentazione ma la temperatura è bassa e quindi sono più pulite. Si suddividono in due gruppi fondamentali:

Altbier: prodotte a Düsseldorf, sono ambrate, amare, poco alcoliche;

Kölsch: tipiche di Colonia, sono di colore chiaro, molto fresche in acidità, beverine.

Stout

Sono birre ad alta fermentazione, di colore nero, amare e basse di gradazione. Da un punto di vista gustativo si contraddistinguono per l'aroma pronunciato di caffè dovuto all'uso nella miscela di malti fortemente tostati.

Dry Stout: la rappresentante più famosa di questo stile birrario è la Guinness, assolutamente priva del gusto dolce;

Oyster Stout: molto particolare, il suo sapore viene determinato dalla presenza di ostriche messe nei tini per la fermentazione. Si definiscono così anche le birre che si abbinano bene con questi frutti di mare;

Imperial Stout: fornita di maggiore aromaticità, legata a sensazioni fruttate e speziate, anche cioccolatose, e di maggiore gradazione alcolica;

Porter: sono birre simili alle Stout ma dalle caratteristiche di gusto e aroma meno potenti.

Birre di frumento

Sono diventate sempre più popolari nel corso degli ultimi anni, a causa del tipico gusto acidulo e della tendenza a servirle con una fetta di limone, del quale però non sentono assolutamente il bisogno. Sono preparate con largo uso di frumento e le più famose sono quelle tedesche, conosciute come Weizen o Weiss, ovvero birre di grano o birre bianche. La corrispondente belga è la Blanche. Sono apprezzate dai consumatori per la loro gradazione non elevata e un'aromaticità gradevole speziata: si presentano non completamente limpide alla vista, ma questa caratteristica non è da considerare un difetto. Tra le differenze presentate dalle Blanche belghe rispetto alle birre di frumento tedesche vanno segnalati l'uso di frumento non maltato per le prime, oltre all'aggiunta di spezie e aromi quali coriandolo e scorze di arancia durante la lavorazione. Le Weizen si distinguono inoltre per un tipico profumo di banana. Le due tipologie particolari riguardano le Dunkelweizen, cioè scure, e le Weizenbock, di gradazione più alta.

Lager

È uno degli stili birrari più diffusi al mondo, con il quale le birre subiscono una bassa fermentazione. I nomi con cui si definiscono sono:

Pils o *Pilsner*: il nome deriva dalla città di Plzen, nella Repubblica Ceca. Sono birre che si distinguono per il gusto amaro, l'aromaticità data dal luppolo, la bassa gradazione e il colore chiaro, a volte dorato;

Export: simili alle Pils ma dal sapore più forte, oltre a una gradazione leggermente più elevata;

Dunkel: sono le birre scure, dal sapore più dolce, dato dall'utilizzo più evidente del malto;

Bock: prodotte in Germania, dal colore che si mantiene chiaro, gusto bilanciato tra malto e luppolo e gradazione fino agli 8 °C.

Lambic

Si tratta di birre prodotte in una zona del Belgio chiamata Pajottenland; la particolarità consiste nell'utilizzo di lieviti spontanei presenti nell'ambiente dove vengono preparate; successivamente sono messe a maturare in botti di legno. La Lambic tradizionale è una birra con lieve presenza di anidride carbonica e si distingue per un bagaglio aromatico particolarmente complesso e un'acidità molto rilevante. Le Lambic giovani vengono miscelate con Lambic invecchiate, per stemperarne l'aggressività, prendendo il nome di

Gueze. Se nella fermentazione sono aggiunti frutti quali ciliegie, lamponi o ribes, le birre prendono il nome di Kriek, Framboise e così via.

DEGUSTAZIONE DELLA BIRRA

L'interesse crescente per la birra ha portato molti appassionati a frequentare corsi di degustazione, per approfondire la conoscenza di una bevanda che riesce a creare sempre sorprese e interesse. Così come per altri prodotti quali il vino, la degustazione si svolge in tre fasi distinte.

Esame visivo

Si devono osservare con attenzione il colore, la limpidezza e la schiuma. Nel primo caso la gamma dei colori è assai variegata a seconda della tipologia: se si tratta di birre chiare, le sfumature possono variare da un giallo paglierino poco intenso, con riflessi verdognoli, a un dorato intenso. Per le birre ambrate le sfumature sono cangianti e passano dal colore aranciato a quello bronzeo. Le scure invece virano dal marrone intenso al nero. Non sempre è richiesta una limpidezza impeccabile, soprattutto se si tratta di degustare le birre di frumento o quelle rifermentate in bottiglia. L'osservazione della schiuma è importante per valutare anche lo stato di conservazione e la temperatura di servizio: si deve presentare di un colore che varia dal bianco latte all'ambrato lieve, di una densità compatta fino a diventare cremosa, pur avendo esempi di birre per le quali la caratteristica è quella di avere una schiuma evanescente.

Esame olfattivo

Si effettua in due momenti: dapprima il bicchiere deve essere fermo, per cogliere le sfumature odorose meno evidenti, più lievi come intensità, per poi agitarlo dolcemente tramite una lieve rotazione così da definire meglio le peculiarità dei profumi. Di questi si valutano l'intensità, la complessità, la finezza, ovvero l'eleganza e la pulizia, e infine si procede alla descrizione. Estremamente varia la gamma dei profumi, ma si possono dare riferimenti precisi legati agli ingredienti che si utilizzano per fare la birra. Il malto è responsabile degli aspetti morbidi, dolci, dai sentori di miele, dal caramello fino al cioccolato e caffè delle birre scure. Il luppolo fornisce i toni vegetali, erbacei e anche aromatici, mentre i lieviti sono i responsabili delle sensazioni riconducibili ai frutti e ai fiori. Se poi le birre vengono invecchiate, il bagaglio aromatico diventa più complesso e quindi le note assumono sentori particolari, per esempio di tabacco, cuoio, cioccolato.

Esame gustativo

Si parte sempre dalle quattro sensazioni gustative che si avvertono e quindi i sapori acido, dolce e amaro; raro però trovare la sensazione salata nelle birre benché esistano precise eccezioni. Anche in questo caso i sapori derivano dall'utilizzo più o meno marcato degli ingredienti e il luppolo sarà così responsabile del gusto amaro, i lieviti dell'acidità mentre al malto si attribuiscono i caratteri di dolcezza. La presenza di alcol garantisce una sensazione di pseudocalore, che crea l'elemento avvolgente. Le birre migliori si riconoscono per un perfetto equilibrio tra i vari elementi e forniscono un'ulteriore piacevolezza grazie al retrogusto, che regala sensazioni persistenti gradevoli e complesse.

SERVIRE LA BIRRA

La maggior parte delle volte sarà piacevole osservare con attenzione, in un pub come al ristorante, i gesti dell'addetto a servire la birra, soprattutto quella alla spina, che ha un proprio rituale da rispettare. Anche in casa sarà bene seguire alcune regole fondamentali, legate alla conservazione e alla temperatura di servizio.

Spillatura

Deve essere effettuata in due fasi, a velocità diverse: nella prima parte si versa lentamente tenendo il bicchiere inclinato per arrivare e riempirlo fino a tre quarti, poi si pone il bicchiere in verticale e si procede a un riempimento più veloce, in maniera da formare una schiuma in superficie densa e compatta, alta due dita. Lo scopo della schiuma è quello di proteggere la birra dall'ossidazione, lasciandola profumata e viva.

Bicchiere

Non è vero che ogni bicchiere va bene: esistono bicchieri specifici per ogni stile birrario, per fare in modo che si esaltino al massimo le caratteristiche aromatiche e non si perda la consistenza. Quando lo si utilizza, occorre annusarlo perché non presenti aromi non pertinenti e, per sicurezza, prima di impiegarlo, meglio bagnarlo con acqua fredda, allo scopo di eliminare qualunque elemento che possa rovinare la schiuma, come polvere o tracce di detersivo. Inoltre, abbassando la temperatura si favorisce la formazione di schiuma consistente e regolare.

Temperatura di servizio

La temperatura standard, legata a una tipologia largamente diffusa come la Lager, varia dai 3 °C ai 6 °C, ma più la birra si presenta complessa e di gradazione elevata, maggiore sarà la temperatura di servizio.

Conservazione

Un po' come accade per lo champagne, dopo essere stata imbottigliata la birra è pronta per essere bevuta e non ha bisogno di ulteriore invecchiamento. Se deve essere tenuta in casa, meglio cercare un posto che sia fresco ma che non abbia un'umidità eccessiva come quella della cantina. Bisogna mettere le bottiglie in posizione verticale e a una luce soffusa onde evitare che il prodotto si possa ossidare.

ABBINAMENTI

Oggi la birra è una bevanda ampiamente diffusa e utilizzata, la si può trovare nei ristoranti di ogni categoria ed è diventata oggetto di studio per gli esperti del settore, che si adoperano per trovare i migliori accostamenti con le pietanze che si stanno mangiando. La gradazione non troppo elevata permette inoltre di cambiare tipologia di birra nel corso di un pasto con una certa facilità (vedi anche pp. 22-23).

Aperitivi

Da bere con qualche stuzzichino o da sole, sono birre leggere di gradazione alcolica, beverine e poco corpose.

Antipasti

Protagoniste sono le Lager, nella tipologia Pils, perché si abbinano bene con salumi non troppo speziati, crostacei dal sapore non eccessivamente pronunciato come gamberetti, crostini preparati con verdure, carpacci di pesce o di carne. Quando ci si trova di fronte a piatti più impegnativi, per esempio insaccati dal gusto deciso, meglio scegliere le Bock; con gli sformati a base di formaggi saporiti come la fontina, provare anche le birre scure, come una Dry Stout (Guinness).

Primi piatti

Si deve innanzi tutto distinguere la pastasciutta dalle minestre e, ovviamente, i condimenti che vengono utilizzati. Partendo dalla pasta, per quanto riguarda quella condita con pomodoro e verdure a base dolce, come melanzane e zucchine, sono piacevoli le birre dal gusto amaro come le Altbier tedesche o le Ale Bitter inglesi. Se si prepara la pasta con verdure dal gusto tendente all'amaro, meglio proporre le Export o le Dunkel. Se si tratta di sughi a base di molluschi o crostacei, vanno molto bene le Weizen tedesche. Nel caso di zuppe di verdura, ottime le Stout, mentre con vellutate o minestre dense, come pasta e fagioli, meglio rivolgersi allo stile Trappista.

Secondi piatti

La prima grande suddivisione sarà fatta tra carne e pesce. Nel primo caso, un'ulteriore suddivisione riguarda le carni rosse e quelle bianche: le carni alla griglia amano le Bock, quelle bollite prediligono le birre stile Blanche, le carni in umido le Stout. Le carni bianche trovano miglior accordo con le birre di Abbazia quando sono cucinate con salse, altrimenti le Pils quando vengono cotte arrosto o al salto. Nel caso di carni grasse come agnello o maiale, vanno molto bene le Weizen tedesche o le Trappiste. Per quanto concerne il pesce, i frutti di mare si degustano, così come i crostacei, con delle Stout, in special modo le Porter, altrimenti per pesce da lisca meglio utilizzare le Pils o le Export. Per i crostacei, si prestano bene le Ale inglesi o anche le Lambic.

Formaggi

La gamma dei formaggi presenti è estremamente varia: si può osare una suddivisione standard per la quale con gli erborinati si servono birre d'Abbazia, con i formaggi stagionati si prediligono birre più corpose, come Bock e Imperial Stout, mentre i formaggi freschi si abbinano con birre leggere e poco alcoliche come le Pils.

Dessert

Per i dessert a base di cioccolato sono consigliate una Doppelbock oppure un'Imperial Stout. I dolci a base di frutta fresca hanno il loro accompagnamento ideale nelle Kriek, quelli a base di frutta secca nelle Pils. I dolci a base di crema possono essere proposti con birre d'Abbazia.

TABELLA DEGLI ABBINAMENTI

PORTATA	STILE DI BIRRA
ANTIPASTI	
Carpacci di carne o tartare	American Light Lager
Crocchette di formaggio	Strong Belgian, European
Frittate	European Light Lager
Frutti di mare	Stout
Insalate composte con maionese	European Light Lager
Mousse di pesce	Weizen, Strong Belgian
Pesce di acqua dolce	Weizen
Pesce marinato (acciughe, salmone)	American Light Lager, European
Sformati a base di patate e legumi	Stout
Sformati di verdura	European Light Lager
Torte salate con verdure	European Light Lager
PRIMI PIATTI	
Creme di verdura	Trappista, Weizen
Pasta con ragù di carne	Stout
Pasta con ragù di pesce	American Dark Lager
Pasta con verdure	Strong Belgian
Risotti con pesce	Weizen
Risotti con verdure	European
Zuppe con legumi e carne	Bock
Zuppe di verdura	Strong Belgian
SECONDI DI PESCE	
Crostacei crudi	American Light Lager
Crostacei al forno o grigliati	Strong Ale
Molluschi ripieni	Scottish Strong Ale
Pesce al cartoccio	British Bitter Ale

PORTATA	STILE DI BIRRA
SECONDI DI PESCE	
Pesce al forno	Pale Ale
Pesce alla griglia	English Bitter Ale
Pesce fritto	European Light Lager
Pesce in umido	European Dark Lager, Stout
Pesce saltato	American Light Lager European
Zuppe di pesce	Strong Belgian Ale
SECONDI DI CARNE	
Animali da cortile in tegame	European Light Lager
Carne bianca arrosto	American Light Lager
Carne bianca con panna o uova	Weizen
Carne bianca marinata	Strong Belgian Ale
Carne bianca saltata	Strong Lager
Carne rossa in umido	Stout, Brown Ale European Dark
Carne rossa saltata	Stout, Strong Ale
Selvaggina	Bock, Stout
DESSERT	
Creme calde	Strong Ale
Dolci a base di frutta secca	Birra con Tequila
Dolci caldi alla frutta	Strong Ale ambrata
Dolci con cioccolato prevalente	Stout
Dolci fritti	Abbazia
Mousse di panna e formaggio	Strong Ale
Semifreddi	Strong Belgian Ale
Semifreddi alla frutta	European Light Lager

INVOLTINI DI PEPERONE
E ROBIOLA AL TONNO

PICCOLA TARTARE DI MANZO
CON SALSA ALLO YOGURT
ED ERBE AROMATICHE

INSALATA DI ACCIUGHE
CON POMODORI PACHINO
SU PESTO DI ERBE AROMATICHE

RICOTTA CON MISTICANZA
E MANDORLE

PORRI AL FORNO

INSALATA DI POLLO CON
MAIONESE ALLA BIRRA

INSALATA TIEPIDA DI CONIGLIO
E PORRI

ARISTA SU INSALATA DI MELE
E FINOCCHI

SPUMA DI TROTA ALLA BIRRA
SU CROSTINI DI POLENTA

BACCALÀ MANTECATO

CALAMARETTI FRITTI
ALLE ERBE AROMATICHE

BIGNÈ FRITTI CON SALSA
DI TALEGGIO AL ROSMARINO

TORTA SALATA DI POMODORO
E MOZZARELLA

TIMBALLINI DI MELANZANE
ALLA CREMA DI CIPOLLE
SU LETTO DI FINOCCHI
GRIGLIATI

SFORMATINI DI CARCIOFI
CON SALSA DI CAROTE

SFORMATO DI PATATE E BIRRA
CON ZUCCHINE SALTATE

ANTIPASTI

Involtini di peperone e robiola al tonno

Ingredienti per 6 persone: 3 peperoni rossi, 180 g di tonno al naturale, 30 g di capperi, 1 dl di birra stile Weizen (per es. Franziskaner), 1 mazzetto di prezzemolo, 100 g di robiola, 1 dl di olio extravergine d'oliva, 100 g di valeriana, sale, pepe nero.

Infornare i peperoni a temperatura alta, oltre 200 °C, per poterli sbucciare facilmente. Quando appaiano del tutto anneriti, trasferirli in un sacchetto di nylon, lasciarli chiusi in maniera ermetica per almeno 10 minuti per facilitare la separazione della pellicina dalla polpa. Dopo averne eliminato anche i semi, disporli su un vassoio, tagliati a metà. Lavorare il tonno al mixer, insieme ai capperi, alla birra e al prezzemolo. Quando l'impasto risulta omogeneo, versarlo in una terrina, unire la robiola e amalgamare bene il tutto con una spatola. Regolare di sale e pepe, farcire i peperoni con il composto e arrotolarli per formare gli involtini. Servirli conditi con olio extravergine d'oliva, disposti su foglie di valeriana.

TEMPO DI PREPARAZIONE
45 minuti

Piccola tartare di manzo con salsa allo yogurt ed erbe aromatiche

Ingredienti per 6 persone: 400 g di carne di manzo macinata (controfiletto), 1/2 gambo di sedano, 1 mazzetto di basilico, 1 cipolla piccola, 20 g di capperi, 1 dl di birra stile American Light Lager (per es. Löwenbräu), 1 dl di olio extravergine d'oliva, prezzemolo tritato per guarnire, sale, pepe nero.
Per la salsa: 100 g di peperoni verdi, 100 g di cetrioli, 250 g di yogurt magro, origano, 1 dl di olio extravergine di oliva, sale.

Tritare finemente il sedano, il basilico, la cipollina e i capperi. Quando risulteranno un composto omogeneo, metterli in una terrina insieme alla carne. Versare la birra, condire con il sale, il pepe e l'olio e lavorare a lungo con un cucchiaio di legno, sino a che l'insieme risulti ben amalgamato. Lasciare riposare in frigorifero per circa 40 minuti.
Per la salsa, tagliare i peperoni e i cetrioli a dadini, unirli allo yogurt in una terrina, aggiungere l'origano, condire con olio e sale e mescolare bene.
Con la carne formare delle palline, disporle in piattini individuali, versare a lato parte della salsa e guarnire spolverizzando con un po' di prezzemolo tritato.

TEMPO DI PREPARAZIONE
1 ora

Insalata di acciughe con pomodori Pachino su pesto di erbe aromatiche

Ingredienti per 6 persone: 700 g di acciughe fresche, 2 dl di birra stile American Light Lager (per es. Corona), 2 spicchi d'aglio, 1 mazzetto di prezzemolo, 1 mazzetto di basilico, 2 dl di olio extravergine d'oliva, 2 cipollotti freschi, 20 pomodori Pachino, 6 mezze fette di pane toscano, sale, pepe nero.

Pulire bene le acciughe, togliendo la lisca centrale e lavandole con acqua corrente. Metterle ad asciugare su uno strofinaccio pulito, disporle in una terrina, salarle un poco e coprirle con la birra. Lasciarle marinare in frigorifero. A parte, togliere l'anima dagli spicchi d'aglio, tritarli finemente e in una ciotola aggiungerli al prezzemolo e al basilico, anch'essi tritati. Salate e versare l'olio a filo, montando il composto con un frullatore a immersione. Trascorso il tempo di marinatura, togliere le acciughe dalla birra, asciugarle leggermente, quindi condirle con poco olio, regolando di sale e pepe. Versare nei piatti il pesto di erbe aromatiche, disporvi sopra le acciughe e cospargerle con i cipollotti tagliati a fette sottili. Guarnire con i pomodori divisi a metà e servire con le fette di pane tostato.

TEMPO DI PREPARAZIONE
20 minuti

TEMPO DI MARINATURA
2 ore

Ricotta con misticanza e mandorle

Ingredienti per 6 persone: 600 g di ricotta, 1 cipolla bianca piccola, 1 spicchio d'aglio, 1 dl di olio extravergine d'oliva, 300 g di misticanza, 1 dl di birra stile Stout (per es. Guinness), 50 g di parmigiano, 6 fette di pancarré, 30 g di mandorle sfilettate, sale.

Tagliare la cipolla e l'aglio a fettine sottili e metterli a rosolare in una padella con l'olio. Salare leggermente quindi unire la misticanza ben lavata e tagliata grossolanamente. Farla saltare a fuoco vivace, bagnarla con la birra e, non appena sarà evaporata, incorporare la ricotta, precedentemente lavorata in una zuppiera. Amalgamare bene il tutto, unire il parmigiano e servire con le fette di pane tagliate a triangolo, private della crosta e tostate in forno, e cospargendo con le mandorle la superficie.

TEMPO DI PREPARAZIONE
40 minuti

TEMPO DI COTTURA
15 minuti

Porri al forno

Ingredienti per 6 persone: 3 porri di media grandezza, 1 dl di olio extravergine d'oliva, 30 g di burro, 1 pizzico di noce moscata, 1/2 litro di birra stile European Light Lager (per es. Dreher), 6 fette di pancetta rotonda, 6 chiodi di garofano, 1 mazzetto di prezzemolo tritato, sale.

Pulire i porri, togliendo la parte verde, che deve essere tagliata a fette sottili e dividendo la parte bianca in due. Soffriggere la parte verde con l'olio in una casseruola, salando leggermente. Disporre i porri in una teglia unta con il burro. Salare e aromatizzare con la noce moscata, quindi infornare a 160 °C. Dopo circa 15 minuti bagnare con la birra, arrotolare le fette di pancetta su ogni porro e unirle con i chiodi di garofano. Continuare a cuocere sino a che il liquido di cottura risulti leggermente sciropposo. Filtrare il fondo di cottura e versarlo ben caldo sui porri, spolverizzandoli con il prezzemolo tritato.

TEMPO DI PREPARAZIONE
30 minuti

TEMPO DI COTTURA
30 minuti

Insalata di pollo con maionese alla birra

Ingredienti per 6 persone: 600 g di petto di pollo, il cuore di 1 sedano bianco, 120 g di fontina, 2 carote piccole, 2 cipolline fresche, 1 cespo di lattuga, 1 mazzetto di prezzemolo tritato.
Per la maionese: 4 tuorli, 400 g di olio extravergine d'oliva, 0,5 dl di birra stile European Light Lager (per es. Carlsberg), 1 mazzetto di timo, sale.

Lessare il pollo in abbondante acqua salata. Toglierlo dal fuoco, scolarlo e raffreddarlo. Tagliare la carne a listarelle sottili. Della stessa misura affettare anche il sedano e la fontina. Pulire le carote e tagliare anch'esse a listarelle, così come le cipolline. Preparare la maionese lavorando i tuorli con il sale, l'olio e la birra, quindi aromatizzarla con il timo. Lavare la lattuga, disporre le foglie sui piattini individuali. Collocare al centro il pollo mescolato al sedano e alla fontina e condire con poco olio. A fianco disporre le cipolline e le carote. In mezzo mettere un po' di maionese, spolverizzando il tutto con prezzemolo tritato.

TEMPO DI PREPARAZIONE
30 minuti

TEMPO DI COTTURA
30 minuti

Insalata tiepida di coniglio e porri

Ingredienti per 6 persone: 700 g di lombo di coniglio, 80 g di pancetta, 2 dl di birra stile European Light Lager (per es. Pilsner Urquell), un misto di erbe aromatiche molto profumate (menta, basilico, erba cipollina), 50 g di nocciole, la scorza grattugiata di 1 limone non trattato, 2 porri, 2 dl di olio extravergine d'oliva, sale, pepe nero.

Pulire il lombo di coniglio, insaporirlo appena con sale e pepe, avvolgerlo nella pancetta, tagliata a fette sottili, e cuocerlo in forno a 160 °C con la birra; quando sarà terminata la cottura, eliminare la pancetta e fare raffreddare. Sgrassare il fondo di cottura ottenuto, quindi passarlo al colino e tenerlo da parte. Tritare finemente le erbe aromatiche e mettere le nocciole in forno, per farle tostare bene. Disossare il lombo e tagliarlo a filetti regolari, aromatizzarlo con le erbe e con la scorza grattugiata di limone. Disporlo nei piatti e ricoprirlo con i porri, tagliati a bastoncino e saltati in padella con l'olio. Condire con sale, pepe, il restante olio e il fondo di cottura. Servire subito.

TEMPO DI PREPARAZIONE
40 minuti

TEMPO DI COTTURA
30 minuti

Arista su insalata di mele e finocchi

Ingredienti per 6 persone: 600 g di arista disossata, 1 spicchio d'aglio, 5 foglie di salvia, 2 rametti di rosmarino, 2 mele verdi, 1 finocchio, 1 dl di olio extravergine d'oliva, 1 dl di birra stile American Light Lager (per es. Budweiser), 1 mazzetto di basilico, 1 mazzetto di prezzemolo tritato, 12 pomodori Pachino, sale, pepe nero.

Tritare finemente l'aglio, la salvia e il rosmarino e unirvi sale e pepe. Con il sale aromatico così ottenuto condire l'arista e farla cuocere in forno, a 160 °C, solo con poca acqua. Quando la carne risulterà morbida ma non troppo rosolata, sfornarla e farla freddare. Sbucciare le mele e mondare il finocchio, quindi affettarli sottilmente. Disporli alternativamente sui piatti individuali e condirli con una salsa vinaigrette ottenuta mescolando metà dell'olio con la birra, sale, pepe e il basilico tritato. Adagiare sulle verdure l'arista tagliata a fette sottili e condirla con il restante olio mescolato al prezzemolo tritato. Guarnire con i Pachino tagliati a metà.

TEMPO DI PREPARAZIONE
30 minuti

TEMPO DI COTTURA
30 minuti

Spuma di trota alla birra su crostini di polenta

Ingredienti per 6 persone: 3 trote di grandezza media, 1 mazzetto di salvia, 1 rametto di rosmarino, 2 spicchi d'aglio, 200 g di patate, 1 dl di birra stile Weizen (per es. Franziskaner), 2 dl di olio extravergine d'oliva, 30 g di capperi finissimi sott'aceto, sale, pepe nero.
Per la polenta: 150 g di farina di mais, 1/2 litro di acqua, sale.

Pulire e lavare bene le trote, insaporirle con un po' di sale aromatico preparato con sale e pepe unito alla salvia, al rosmarino e all'aglio tritato; disporle in una teglia, ungerle leggermente e cuocerle in forno, a 160 °C, facendo attenzione che non si asciughino troppo. Nel frattempo preparare la polenta: in una pentola versare dell'acqua aggiungendo poco sale, raggiungere l'ebollizione e versare la farina a pioggia. Mescolare con una frusta, quindi proseguire la cottura a calore moderato, su una piastra elettrica o su un fornello a gas con spargifiamma; girare ogni tanto con un cucchiaio di legno per non far attaccare la polenta al fondo della pentola. Quando risulterà morbida e compatta, versare la polenta su un'asse di legno e farla rassodare. Privare le trote della pelle, diliscarle e passarle al setaccio; unire le patate, lessate e passate al passaverdura a fori piccoli. Amalgamare bene il composto e poi montarlo utilizzando il frullatore a immersione, ammorbidendo con la birra e versando l'olio a filo, se necessario. L'insieme dovrà risultare gonfio e spumoso. Tagliare a fette non troppo sottili la polenta, dividerla in quadrati, e poi grigliarla o passarla in forno ben caldo. Su ogni quadrato spalmare parte della spuma, guarnire con i capperi e servire subito.

TEMPO DI PREPARAZIONE
30 minuti

TEMPI DI COTTURA
20 minuti per le trote
50 minuti per la polenta
5 minuti per grigliare

Baccalà mantecato

Ingredienti per 6 persone: 600 g di baccalà già ammollato, 200 g di patate lessate, 1 mazzo di prezzemolo tritato, la scorza grattugiata di 1 limone non trattato, 1 peperoncino tritato, 1 dl di birra stile Strong Belgian Ale (per es. Lucifer), 1 dl di olio extravergine d'oliva, 6 fette di pane toscano, sale (facoltativo), pepe nero.

Spezzettare il baccalà, già lessato in acqua bollente, disponendolo in un recipiente fondo. Unire le patate lessate, il prezzemolo, la scorza di limone, il peperoncino e il pepe nero. Con l'aiuto di un frullatore a immersione frantumare il tutto fino a ottenere un composto omogeneo. Continuare a utilizzare il frullatore per montare l'impasto, versando prima la birra poi a filo l'olio. Regolare a piacere di sale. Quando il tutto risulterà ben spumoso e gonfio, interrompere e disporre nei piatti. Servire con fette di pane tostate, eventualmente strofinate con aglio.

TEMPO DI PREPARAZIONE
30 minuti

TEMPO DI COTTURA
20 minuti

Calamaretti fritti alle erbe aromatiche

Ingredienti per 6 persone: 900 g di calamaretti, il succo di 1 limone, 1 mazzetto di basilico, 1 mazzetto di prezzemolo, 2 spicchi d'aglio, 300 g di farina, 33 cl di birra stile European Lager (per es. Forst), 1 litro di olio di semi di arachide, sale.
Per la maionese: 3 tuorli, 2 dl di olio extravergine d'oliva, la scorza grattugiata di 1 limone non trattato, 1 cucchiaino di pepe verde, sale.

Pulire e lavare molto bene i calamaretti, separando i ciuffi dalla testa. Tagliarli ad anelli e metterli a marinare in una terrina con il succo di limone, le erbe aromatiche tritate e l'aglio. Con i tuorli e l'olio preparare la maionese, unirvi la scorza di limone e il pepe verde. In un'altra terrina stemperare la farina con la birra, facendo attenzione a non formare grumi. Passare i calamari nella pastella e friggerli nell'olio ben caldo. Regolare di sale e accompagnare a piacere con la maionese.

TEMPO DI PREPARAZIONE
45 minuti

TEMPO DI COTTURA
5 minuti

Bignè fritti con salsa di taleggio al rosmarino

Ingredienti per 6 persone. Per i bignè: 100 g di burro, 150 g di birra stile European Light Lager (per es. DAB), 200 g di farina, 6 uova, 100 g di bacon, 1 litro di olio di semi di arachide, sale.
Per la salsa: 1 litro di latte, noce moscata, 70 g di burro, 70 g di farina, 300 g di taleggio, 3 rametti di rosmarino, sale, pepe nero.

Preparare dapprima l'impasto per i bignè: bollire in 150 ml di acqua il sale e il burro. Quando il composto raggiunge l'ebollizione, unire la birra, far riprendere il bollore, quindi aggiungere la farina, tutta insieme, mescolando energicamente con un cucchiaio di legno. Appena l'impasto risulterà colloso e denso, toglierlo dal fuoco. Aggiungere le uova, uno alla volta, incorporandole con cura, quindi il bacon tagliato a dadini e lasciar riposare. Per la salsa, bollire il latte con un po' di sale e di noce moscata grattugiata. A parte, sciogliere il burro in una casseruola, a fuoco basso. Unire la farina, mescolando con una frusta e, appena il composto risulta omogeneo, versare il latte, poco per volta, in modo che si amalgami bene. Bollire per un paio di minuti, quindi mettere il taleggio tagliato a dadini, il rosmarino, finemente tritato, e una macinata di pepe. Far riposare a bagnomaria. Con l'aiuto di due cucchiai, formare delle piccole palline e friggerle nell'olio caldo, affinché risultino ben croccanti. Servire i bignè accompagnati dalla salsa.

TEMPO DI PREPARAZIONE
1 ora

TEMPO DI COTTURA
5 minuti

Torta salata di pomodoro e mozzarella

**Ingredienti per 6 persone. Per la pasta: 80 g di burro, 250 g di farina, 1 dl birra stile European Light Lager (per es. Beck's), sale.
Per la farcia: 2 uova, 2 tuorli, 250 g di latte, 250 g di panna, 50 g di parmigiano grattugiato, 1 mazzetto di basilico tritato, origano, 150 g di mozzarella, 2 pomodori maturi, sale, pepe nero.**

In una ciotola ammorbidire il burro con una spatola. Sopra un piano di lavoro disporre la farina a fontana, porre al centro il burro, salare leggermente, quindi iniziare a impastare, aggiungendo la birra. Formare un panetto e metterlo in frigorifero a riposare. A parte, sbattere le uova con i tuorli in una terrina, unire il latte e la panna, quindi il parmigiano, il basilico e l'origano, regolando di sale e pepe. Tagliare la mozzarella a dadini e i pomodori a fette sottili. Stendere la pasta a uno spessore sottile, foderare con essa uno stampo da crostata a bordi bassi, quindi bucherellare il fondo con i rebbi di una forchetta e infornare a 180 °C per circa 5 minuti. Deporre sul fondo i pomodori e la mozzarella; versare il composto e rimettere il tutto in forno a 160 °C. Controllare di tanto in tanto, facendo attenzione che non si colori troppo la superficie. Togliere dal forno, lasciare intiepidire per 5 minuti, quindi sformare la torta salata su un vassoio da portata rotondo.

TEMPO DI PREPARAZIONE
20 minuti per la pasta e 30 minuti per la torta

TEMPO DI COTTURA
40 minuti

Timballini di melanzane alla crema di cipolle su letto di finocchi grigliati

Ingredienti per 6 persone: 600 g di melanzane, 1 mazzo di prezzemolo, 2 dl di olio extravergine d'oliva, 2 spicchi d'aglio, 400 g di pomodori pelati, 1 mazzetto di basilico, 400 g di cipolle rosse, 1 dl di birra stile Trappista (per es. Chimay), 200 g di mozzarella, 500 g di finocchi, 50 g di parmigiano grattugiato, sale, pepe nero.

Tagliare le melanzane a fette regolari e cuocerle alla griglia. Insaporirle con sale, pepe, prezzemolo, condendole con poco olio. Con l'aglio e i pelati preparare la salsa di pomodoro, facendo rosolare gli spicchi schiacciati in una casseruola con 1 dl di olio, unendo i pomodori passati al passaverdura e alla fine le foglie di basilico tagliate a filetti piccoli. Tritare grossolanamente le cipolle, farle stufare con il restante olio e un po' di sale in una padella coperta e bagnarle con la birra, facendo attenzione che non si attacchino sul fondo. Quando sono pronte, frullarle fino a ottenere una crema piuttosto densa. Rivestire 6 stampini individuali con le melanzane, riempirli a metà con la crema di cipolle e cospargerli con la mozzarella tritata. Terminare di riempire con la crema e chiudere ogni stampino con una fetta di melanzana. Cuocere in forno a 180 °C. Nel frattempo tagliare i finocchi a fette e cuocerli sulla griglia, insaporendoli come già fatto con le melanzane. Sformare i timballini sui piatti dove sono già stati disposti a ventaglio i finocchi. Velare con la salsa di pomodoro e servirli spolverizzati di parmigiano.

TEMPO DI PREPARAZIONE
1 ora

TEMPO DI COTTURA
25 minuti per la salsa
30 minuti per i timballini

Sformatini di carciofi con salsa di carote

Ingredienti per 6 persone: 6 carciofi, il succo di 1 limone, 2 spicchi d'aglio, 1 mazzetto di prezzemolo, 2 dl di olio extravergine d'oliva, 1 dl di birra stile European Light Lager (per es. Peroni), 1/2 litro di latte, 60 g di burro, 60 g di farina, 50 g di parmigiano grattugiato, noce moscata, 2 uova, foglioline di prezzemolo per decorare, sale.
Per la salsa: 500 g di carote, 50 g di burro, il succo di 1 limone, sale.

Pulire bene i carciofi, tagliarli a spicchi e metterli a bagno in acqua con il succo di limone, affinché non diventino neri. Tritare l'aglio e il prezzemolo e farli rosolare in padella con l'olio; appena l'aglio inizia a imbiondire, aggiungere i carciofi, salare, bagnare con la birra, e portarli a cottura, regolando di sale e coprendo la padella con un coperchio. Preparare una besciamella con il latte, il burro e la farina. Unirvi i carciofi, il parmigiano, la noce moscata e le uova. Distribuire il composto così ottenuto in stampini monoporzione, imburrati e infarinati. Cuocere in forno a 160 °C, a bagnomaria. Per la salsa, lavare e sbucciare le carote, tagliarle a fettine e farle stufare in una casseruola con il burro e del sale. Quando sono cotte, frullarle fino a ottenere una salsa liscia e omogenea. Regolare il sapore con il succo di limone. Al momento di servire, velare i piatti con la salsa, disporre al centro uno sformatino e decorare a piacere con foglioline di prezzemolo.

TEMPO DI PREPARAZIONE
1 ora

TEMPO DI COTTURA
45 minuti

Sformato di patate e birra con zucchine saltate

Ingredienti per 6 persone: 600 g di patate, 200 g di mascarpone, 3 uova, 1 dl e 1/2 di birra stile Stout (per es. Guinness), 50 g parmigiano, noce moscata, 1 dl di olio extravergine d'oliva, 2 spicchi d'aglio, 1 mazzetto di prezzemolo, 300 g di zucchine, 50 g di pinoli, sale, pepe nero.

Bollire le patate, raffreddarle, sbucciarle e passarle al passaverdura a fori piccoli. In una terrina lavorarle con il mascarpone mescolando con un cucchiaio di legno; aggiungere le uova, uno alla volta, amalgamandole con cura, quindi la birra. Insaporire con sale, parmigiano e noce moscata. Ungere uno stampo rettangolare con un po' d'olio, versare il composto e cuocere in forno, a bagnomaria, a 150 °C. Nel frattempo tritare finemente l'aglio e il prezzemolo e rosolarli in una padella con il restante olio. Aggiungere le zucchine, tagliate a fette sottili, e farle trifolare a fuoco vivace. Quando saranno quasi pronte, unire i pinoli e terminare la cottura. Togliere dallo stampo lo sformato di ricotta, dividerlo a cubetti e disporlo nei piatti. Distribuire le zucchine in parti uguali, cospargere con pepe macinato al momento e servire subito.

TEMPO DI PREPARAZIONE
50 minuti

TEMPO DI COTTURA
35 minuti

CREMA DI ZUCCA ALL'AMARETTO

CREMA DI PORRI CON GAMBERI

ZUPPA DI SCALOGNI E PATATE
CON CROSTONI ALL'AGLIO

ZUPPA DI FAGIOLI, PATATE E CECI

POLENTA CON SUGO
DI CALAMARETTI

RISOTTO CON MASCARPONE
E CARCIOFI

RISOTTO ALLA SCAMORZA
CON RATATOUILLE
DI ZUCCHINE E PEPERONI
ED ERBE FRITTE

RISOTTO CON GAMBERI
E FINOCCHI GRIGLIATI

SPAGHETTI ALLE VONGOLE
VERACI E BROCCOLETTI

RIGATONI CON MOSCARDINI
E CECI AL ROSMARINO

PENNE STRASCICATE
CON RAGÙ DI SPEZZATINO

TAGLIATELLE CON SUGO
DI SALSICCIA, PECORINO
E BASILICO

ORECCHIETTE CON CIME
DI RAPA

RAVIOLI DI CAVOLFIORE
CON FONDUTA DI TALEGGIO

GNOCCHETTI DI PATATE
CON CREMA DI PEPERONI
E RICOTTA SALATA

CRESPELLE CON ASPARAGI
E ROBIOLA

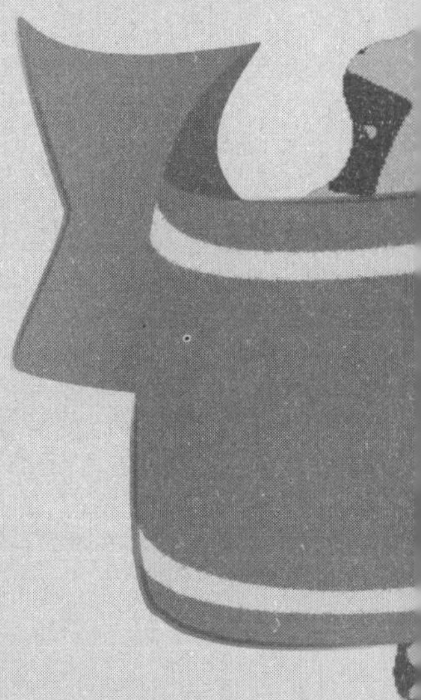

PRIMI

Crema di zucca all'amaretto

Ingredienti per 6 persone: 800 g di zucca, 1 cipolla, 2 spicchi d'aglio, 100 g di burro, 2 dl di birra stile Trappista (per es. Chimay), 4 dl di brodo, 6 amaretti, sale, pepe nero.

Tagliare la cipolla a fette sottili e metterla a rosolare in una casseruola con l'aglio schiacciato e il burro. Salare leggermente e portare a cottura. Aggiungere la zucca tagliata a dadini, farla insaporire bene nel fondo, bagnarla con la birra e far evaporare la parte alcolica, quindi coprire con il brodo. Quando la zucca risulterà sufficientemente morbida, frullare il tutto con il mixer a immersione, regolare di sale e pepe, quindi servire in fondine individuali, disponendo in ciascuna un amaretto.

TEMPO DI PREPARAZIONE
30 minuti

TEMPO DI COTTURA
50 minuti

Crema di porri con gamberi

Ingredienti per 6 persone: 200 g di patate, 600 g di porri, 150 g di burro, 2 spicchi d'aglio, 1 dl di birra stile Weizen (per es. Franziskaner), 12 gamberi, 1 dl di olio extravergine d'oliva, 1 litro di brodo di pesce, 1 dl di panna fresca (facoltativa), sale, pepe bianco.

Tagliare le patate a dadini e i porri a rondelle sottili. In una pentola sciogliere il burro, unire l'aglio schiacciato, i porri e le patate. Salare e lasciare stufare a fuoco lento. Versare la birra e far evaporare la parte alcolica. Pulire i gamberi, quindi metterli per pochi minuti in forno, leggermente salati e unti con poco olio. Bagnare con il brodo il fondo di porri e patate e far cuocere per altri 20 minuti. Frullare il composto con il frullatore a immersione, passarlo al colino e regolare di sale, incorporando a questo punto, a piacere, la panna. Servire la crema in fondine individuali, disporvi i gamberi sgusciati e guarnire con un filo d'olio e una macinata di pepe.

TEMPO DI PREPARAZIONE
30 minuti

TEMPO DI COTTURA
45 minuti

Zuppa di scalogni e patate con crostoni all'aglio

Ingredienti per 6 persone: 600 g di scalogni, 2 dl di olio extravergine d'oliva, 500 g di patate, origano, 2 dl di birra stile Strong Belgian Ale (per es. Lucifer), 1 litro di brodo vegetale, 5 spicchi d'aglio, 1 baguette, 1 mazzetto di prezzemolo tritato, sale, pepe nero.

Tagliare gli scalogni a fette sottili e farli brasare in una casseruola con un po' d'olio. A parte, ridurre a dadini le patate sbucciate e unirle al fondo di scalogni. Insaporire con sale, pepe e origano e far cuocere ancora a lungo, bagnando dapprima con la birra e successivamente con il brodo. Nel frattempo, in una padella scaldare dell'olio e aggiungere gli spicchi d'aglio, senza sbucciarli. Appena hanno preso colore, proseguire la cottura a fuoco lento. Non appena sono pronti, sbucciarli e trasferire la polpa in una scodellina. Condirla con il prezzemolo, del pepe e il restante olio e formare un composto omogeneo. Tagliare la baguette a fette, tostarle in forno e spalmarle con la crema d'aglio. Servire la zuppa sufficientemente densa, con i crostoni di pane a parte.

TEMPO DI PREPARAZIONE
30 minuti

TEMPO DI COTTURA
1 ora

Zuppa di fagioli, patate e ceci

Ingredienti per 6 persone: 1 cipolla rossa, 3 spicchi d'aglio, 1 mazzetto di salvia, 1 rametto di rosmarino, 2 dl di olio extravergine d'oliva, 400 g di bietole, 400 g di patate, 2 dl di birra stile European Dark Lager (per es. Beck's scura), 1 litro di brodo vegetale, 400 g di fagioli lessati, 200 g di ceci lessati, 6 fette di pane toscano, sale, pepe nero.

Tritare finemente la cipolla, l'aglio, la salvia e il rosmarino e far rosolare il tutto in una casseruola con 1 dl di olio. Salare e pepare, quindi portare a cottura a fuoco inizialmente vivace, affinché il sapore risulti più deciso. Aggiungere le bietole, lavate e tagliate a pezzetti, e in seguito le patate tagliate a dadini. Fare insaporire bene e poi bagnare con la birra, far evaporare la parte alcolica e poi unire il brodo. Versare i legumi lessati e cuocere a fuoco basso per circa mezz'ora. Servire la zuppa su fette di pane toscano tostate e, volendo, agliate. Condire in superficie ancora con olio e pepe. In stagione si possono aggiungere anche cipolline fresche tagliate a fettine.

TEMPO DI PREPARAZIONE
45 minuti

TEMPO DI COTTURA
1 ora

Polenta con sugo di calamaretti

Ingredienti per 6 persone: 250 g di farina di mais tipo fioretto, 3 spicchi d'aglio, 2 peperoncini, 3 scalogni, 2 dl di olio extravergine d'oliva, 600 g di calamaretti puliti, 2 dl di birra scura stile European Dark Lager (per es. Beck's Dark), 300 g di fagiolini, 200 g di olive verdi denocciolate, origano, 1 mazzetto di prezzemolo tritato, sale, pepe nero.

In una pentola bollire 1 litro d'acqua con il sale e un trito di aglio e peperoncino. Versare la farina a pioggia, mescolando con una frusta; continuare la cottura a fuoco moderato, incoperchiando e facendo attenzione che non indurisca troppo. Tagliare gli scalogni a fettine e soffriggerli in una padella con l'olio; non appena il colore sarà dorato, aggiungere i calamaretti, tagliati a fette sottili. Saltarli a fuoco vivace per 2 minuti, quindi bagnare con la birra. Appena sarà evaporata, unire i fagiolini, precedentemente sbollentati per 2 minuti e tagliati a pezzetti. Regolare di sale e pepe. Incorporare, infine, le olive e l'origano. Servire la polenta con sopra i calamaretti, spolverizzando il tutto con il prezzemolo.

TEMPO DI PREPARAZIONE
40 minuti

TEMPO DI COTTURA
1 ora

Risotto con mascarpone e carciofi

Ingredienti per 6 persone: 450 g di riso tipo Carnaroli, 1 cipolla bianca, 100 g di burro, 5 carciofi, 1 limone, 2 spicchi d'aglio, 1 mazzetto di prezzemolo, 1 dl di olio extravergine d'oliva, 2 dl di birra stile European Light Lager (per es. Bitburger), 1 litro di brodo di carne, 150 g di mascarpone, sale, pepe nero.

Tritare finemente la cipolla e farla stufare in una casseruola con 50 g di burro. Nel frattempo pulire i carciofi, privandoli delle spine e del gambo, e tagliarli a fette, conservandoli in acqua acidulata con limone tagliato a spicchi. Tritare l'aglio e il prezzemolo e farli soffriggere in una padella con l'olio. Appena l'aglio comincia a imbiondire, mettere i carciofi e farli stufare coprendo la padella. Togliere la cipolla dalla casseruola, unire il restante burro e renderlo spumeggiante, sciogliendolo a calore vivace. Aggiungere il riso, bagnare con la birra e farla evaporare. Unire il brodo ben caldo, fino a coprire il riso, e portare a cottura. Quando il riso è quasi pronto, aggiungere i carciofi e la cipolla, regolare di sale e di pepe se necessario, quindi mantecare con il mascarpone. Servire il risotto all'onda.

TEMPO DI PREPARAZIONE
30 minuti

TEMPO DI COTTURA
45 minuti

Risotto alla scamorza con ratatouille di zucchine e peperoni ed erbe fritte

Ingredienti per 6 persone: 450 g di riso, 1 cipolla bianca, 100 g di burro, 200 g di zucchine, 200 g di peperoni rossi, 2 dl di olio extravergine d'oliva, origano, 1 rametto di salvia, 2 rametti di rosmarino, 1 dl di birra stile American Light Lager (per es. Budweiser), 1 litro di brodo vegetale, 150 g di scamorza affumicata, 50 di parmigiano grattugiato, sale, pepe nero.

Tritare finemente la cipolla, farla cuocere in una padella con metà del burro e tenerla da parte. Tagliare le zucchine e i peperoni a dadini piccolissimi e metterli a stufare in un'altra padella con l'olio, insaporendoli con sale, pepe e origano. Lavare e asciugare la salvia e il rosmarino, tenendoli da parte. Con il restante burro fare tostare il riso in una casseruola. Quando appare trasparente, bagnare con la birra e farla evaporare. Versare il brodo bollente, unire la cipolla e portare a cottura. Quando il riso è quasi cotto, aggiungere le verdure. Mantecare con la scamorza e il parmigiano. Servire nei piatti individuali e guarnire con le erbe aromatiche, fritte in un po' d'olio.

TEMPO DI PREPARAZIONE
50 minuti

TEMPO DI COTTURA
30 minuti

Risotto con gamberi e finocchi grigliati

Ingredienti per 6 persone: 450 g di riso Arborio, 750 g di gamberi, la scorza grattugiata di 1 limone non trattato, 1 mazzetto di basilico tritato, 1 dl di olio extravergine d'oliva, 2 cipolle bianche, 1 carota, 1 gambo di sedano, 200 g di burro, 2 foglie di alloro, pepe in grani, 1/2 dl di cognac, 2 dl di birra stile Weizen (per es. Franziskaner), 1 litro di brodo di crostacei, 1 finocchio, 1 dl di panna, sale, pepe bianco.

Sgusciare con cura i gamberi, tenendo da parte i gusci, e riporli in frigorifero, immersi in una marinata composta da scorza di limone grattugiata, basilico, olio, sale e pepe. Tagliare 1 cipolla, la carota e il sedano a dadini e farli imbiondire in una casseruola con 100 g di burro. Unire le foglie di alloro, il pepe in grani e i gusci dei gamberi. Fare insaporire, quindi bagnare con il cognac. Quando l'alcol è evaporato, bagnare con poca acqua e far restringere sul fuoco. Filtrare il tutto al colino, pressando un po' i gusci. Tritare la restante cipolla e farla stufare in una padellina con 30 g di burro. Sciogliere il restante burro in una casseruola, unire il riso e farlo tostare. Bagnare con la birra, lasciarla evaporare e portare a cottura con il brodo di crostacei. Nel frattempo, grigliare il finocchio e tagliarlo a dadini. Aggiungere al risotto il fondo di cottura filtrato, i dadini di finocchio, i gamberi e mantecare con l'ultima noce di burro.

TEMPO DI PREPARAZIONE
1 ora e 15 minuti

TEMPO DI COTTURA
40 minuti

Spaghetti alle vongole veraci e broccoletti

Ingredienti per 6 persone: 500 g di spaghetti, 250 g di broccoletti, 3 spicchi d'aglio, 2 peperoncini, 2 dl di olio extravergine d'oliva, 600 g di vongole veraci, 1 dl di birra stile American Light Lager (per es. Foster), 1 mazzetto di prezzemolo tritato, sale.

Lessare i broccoletti, scolandoli al dente e tenendo da parte l'acqua di cottura. Nel frattempo, schiacciare 2 spicchi d'aglio e farli soffriggere con un po' d'olio in una padella con 1 peperoncino: aggiungere le vongole, dopo averle lavate più volte in acqua salata, farle aprire e toglierle subito dal fuoco, filtrando con un colino il liquido ottenuto. Tritare il restante aglio assieme al secondo peperoncino, e rosolarlo in una padella con il restante olio. Unire i broccoletti, farli insaporire, quindi bagnare con la birra; appena è evaporata, aggiungere il liquido delle vongole. Regolare di sale. Cuocere gli spaghetti fino a metà cottura, unirli al sughetto e farli insaporire bene. Aggiungere le vongole con il loro guscio, spolverizzare con il prezzemolo e servire caldissimi.

TEMPO DI PREPARAZIONE
20 minuti

TEMPO DI COTTURA
15 minuti

Rigatoni con moscardini e ceci al rosmarino

Ingredienti per 6 persone: 500 g di rigatoni, 350 g di moscardini puliti, 2 spicchi d'aglio, 1 peperoncino, 3 rametti di rosmarino, 2 dl di olio extravergine d'oliva, 1 dl di birra scura stile American Light Lager (per es. Löwenbräu Dark), 300 g di ceci lessati, 150 g di pancetta, 2 pomodori maturi, sale, pepe nero.

Tritare finemente l'aglio, il peperoncino e il rosmarino e farli rosolare con l'olio in una casseruola. Salare e pepare, quindi aggiungere i moscardini. Lasciar rosolare a fuoco vivace per qualche minuto e bagnare con la birra. Appena sarà evaporata, mettere i ceci, la pancetta tagliata a listarelle e i pomodori privati dei semi e della buccia, tagliati a dadini. Fare insaporire per qualche minuto a fuoco vivace e poi proseguire la cottura a fuoco lento. Cuocere i rigatoni in abbondante acqua salata, scolarli al dente e finire la loro cottura nel sugo con i moscardini.

TEMPO DI PREPARAZIONE
40 minuti

TEMPO DI COTTURA
1 ora

Penne strascicate con ragù di spezzatino

Ingredienti per 6 persone: 500 g di penne, 50 g di carota, 50 g di sedano, 100 g di cipolla rossa, 2 spicchi d'aglio, 1 mazzetto di prezzemolo, 2 dl di olio extravergine d'oliva, 300 g di muscolo di manzo, 2 dl di birra stile Stout (per es. Guinness), 150 g di pomodori pelati, 1 litro di brodo, 4 bacche di ginepro, 50 g di pecorino stagionato grattugiato, sale, pepe nero.

Tritare finemente la carota, il sedano, la cipolla, l'aglio e il prezzemolo e farli rosolare in una casseruola con l'olio, salando leggermente. Quando risulteranno ben coloriti, aggiungere la carne tagliata a dadini piccoli, farla insaporire per qualche minuto, quindi bagnare con la birra. Appena sarà evaporata, aggiungere i pelati, passati al passaverdura, e far riprendere il bollore. Bagnare con il brodo, unire le bacche di ginepro, insaporire con sale e pepe e proseguire la cottura per circa un'ora e mezzo. Cuocere le penne in acqua bollente salata, scolarle ancora al dente, quindi versarle nella casseruola con lo spezzatino, al quale sarà stata aggiunta acqua bollente. Far cuocere fino al completo assorbimento del liquido. Servire le penne cospargendole con il pecorino.

TEMPO DI PREPARAZIONE
45 minuti

TEMPO DI COTTURA
2 ore e 30 minuti

Tagliatelle con sugo di salsiccia, pecorino e basilico

Ingredienti per 6 persone. Per la pasta: 500 g di farina, un trito composto da 2 spicchi d'aglio, 1 rametto di rosmarino e 3 foglie di salvia, 5 uova, sale, pepe nero.
Per il sugo: 350 g di salsiccia fresca, 1 porro, 1 dl di olio extravergine d'oliva, 400 g di polpa di pomodoro, 1 peperoncino, 1 dl di birra stile Weizen (per es. Spaten), 2 mazzetti di basilico, 150 g di pecorino stagionato grattugiato.

Preparare la pasta disponendo la farina a fontana e unendo al centro il trito, le uova, sale e pepe. Amalgamare il tutto con cura, quindi formare una palla con l'impasto e farla riposare in uno strofinaccio pulito. In una padella stufare il porro, tagliato a fette sottili, insieme all'olio e a un po' di sale. Aggiungere la polpa di pomodoro, il peperoncino, salare appena e unire 1 mazzetto di basilico tagliato a listarelle sottili. Far cuocere per circa mezz'ora, quindi passare il tutto al passaverdura e frullare poi il composto con un frullatore a immersione. Unire, a questo punto, il restante basilico tritato. Sgrassare a parte la salsiccia in una padella, sfumare con la birra, sgranando bene la carne aiutandosi con una forchetta. Su un piano di lavoro stendere la pasta a uno spessore sottile e ricavarne le tagliatelle. Cuocerle in abbondante acqua salata, scolarle e condirle con la salsa di pomodoro. Aggiungere la salsiccia e il pecorino. Servire subito.

TEMPO DI PREPARAZIONE
1 ora

TEMPO DI COTTURA
40 minuti

Orecchiette con cime di rapa

Ingredienti per 6 persone: 500 g di orecchiette, 400 g di cime di rapa, sale, 2 spicchi d'aglio, 2 dl di olio extravergine d'oliva, 2 peperoncini, 2 acciughe sotto sale, 1 dl di birra stile Strong Belgian (per es. Duvel), 100 g di pecorino stagionato grattugiato.

Pulire le cime di rapa e risciacquarle bene con acqua fredda. In una pentola bollire l'acqua con il sale e cuocervi le cime, scolandole ancora al dente. Conservare l'acqua di cottura, dove successivamente saranno cotte le orecchiette. Tritare finemente l'aglio e farlo rosolare in una padella insieme all'olio e ai peperoncini spezzati. Appena l'aglio inizia a imbiondire, unire le acciughe dissalate, farle sciogliere e bagnare con la birra; aggiungere anche le cime di rapa tritate grossolanamente. Far insaporire sul fuoco per qualche minuto e versare le orecchiette, precedentemente cotte al dente. Cospargere con il pecorino e servire subito.

TEMPO DI PREPARAZIONE
30 minuti

TEMPO DI COTTURA
25 minuti

Ravioli di cavolfiore con fonduta di taleggio

Ingredienti per 6 persone. Per la pasta: 300 g di farina, 3 uova, sale, 1 cucchiaio di olio extravergine d'oliva.
Per il ripieno: 500 g di cavolfiore, 2 spicchi d'aglio, foglie di prezzemolo, 1 dl di olio extravergine d'oliva, 100 g di robiola, 60 g di pecorino stagionato grattugiato, sale, pepe nero.
Per la salsa: 20 g di burro, 250 ml di birra stile Bière de Garde (per es. Trois Mont), 20 g di farina, 200 g di taleggio, sale, noce moscata.

Preparare la pasta con la farina, le uova, il sale e l'olio. Formare un impasto omogeneo e farlo riposare per mezz'ora, avvolto in uno strofinaccio umido. Nel frattempo lessare il cavolfiore, già pulito e lavato, scolarlo e ridurlo a cimette. Tritare l'aglio e il prezzemolo e farli rosolare in padella con l'olio, aggiungere il cavolfiore e far insaporire qualche minuto. Condire con sale e pepe e terminare la cottura. Mettere il tutto dentro una zuppiera, quindi unire la robiola e il pecorino e amalgamare con cura. Su un piano di lavoro stendere la pasta a uno spessore sottile, quindi tagliare dei quadrati, aiutandosi con una rotella dentellata, e disponendo all'interno un po' del ripieno formare i ravioli. Preparare infine una besciamella leggera con il burro, la birra e la farina e unendo alla fine il taleggio, tagliato a dadini, sale e una macinata di noce moscata Cuocere i ravioli in abbondante acqua salata con olio, scolarli in questa salsa e servire.

TEMPO DI PREPARAZIONE
1 ora e 30 minuti

TEMPO DI COTTURA
5 minuti

Gnocchetti di patate con crema di peperoni e ricotta salata

Ingredienti per 6 persone. Per gli gnocchi: 1 kg di patate, 3 tuorli, noce moscata, 40 g di parmigiano, 150 g di farina, sale.
Per la crema: 1 cipolla bianca piccola, 1 dl di olio extravergine d'oliva, 2 spicchi d'aglio, 400 g di peperoni rossi, 1 dl di birra stile American Light Lager (per es. Corona), 150 g di ricotta salata, 1 mazzetto di basilico tritato, sale, pepe nero.

Lessare le patate con la buccia, sbucciarle e passarle al passaverdura a fori piccoli. Lasciarle raffreddare, quindi trasferirle su un piano di lavoro, unire i tuorli e insaporire con il sale, la noce moscata e il parmigiano. Aggiungere la farina e lavorare fino a ottenere un impasto omogeneo. Far riposare per circa 20 minuti, coprendo con uno strofinaccio pulito. Nel frattempo tagliare la cipolla a fettine e rosolarla in una padella con l'olio. Salare e pepare leggermente, quindi mettere l'aglio tagliato a fette sottili. Quando il tutto risulta di un bel colore dorato, unire i peperoni, tagliati a dadini piccoli. Far stufare per circa 15 minuti coprendo la padella, bagnando con acqua se necessario. Passare il tutto al passaverdura. Dall'impasto di patate ricavare dei cordoni, di forma regolare, e tagliarli a pezzi lunghi circa 1 centimetro. Cuocerli in abbondante acqua salata e, appena giungono a galla, saltarli nella padella con la crema di peperoni. Servire aggiungendo la ricotta tagliata a dadini e il basilico.

TEMPO DI PREPARAZIONE
1 ora e 30 minuti

TEMPO DI COTTURA
45 minuti per la salsa

Crespelle con asparagi e robiola

Ingredienti per 6 persone. Per le crespelle: 120 g di farina, 300 g di latte, 3 uova, 30 g di burro.
Per la farcia: 700 g di asparagi, 3 scalogni, 1 dl di olio extravergine d'oliva, 1 dl di birra stile European Light Lager (per es. Dreher), 350 g di robiola, 40 g di parmigiano, sale, pepe nero.
Per la besciamella: 100 g di burro, 100 g di farina, 750 ml di latte, noce moscata, sale.
Per gratinare: 20 g di pangrattato, 30 g di burro.

Per le crespelle stemperare la farina con il latte, fino a ottenere un impasto fluido, unire le uova, uno alla volta, amalgamando con una frusta. Ungere di burro una padellina antiaderente, farla riscaldare sul fuoco, quindi, con un mestolino, versare parte dell'impasto. Distribuirlo in maniera uniforme, affinché si formi uno strato sottile e, appena si sarà solidificato, capovolgerlo fino a formare una crespella sottile. Lasciarla asciugare su una superficie asciutta, quindi proseguire fino al completo esaurimento dell'impasto.
Pulire e lavare gli asparagi, tagliare le punte, tenendole da parte. Tolta la parte bianca, tagliare a fettine il resto dei gambi e saltarli in padella con gli scalogni tritati e rosolati in padella con l'olio, sfumando poi con la birra. Frullarli e passarli al setaccio, quindi aggiungere la robiola, mescolando con un cucchiaio di legno, e insaporire con sale, pepe e parmigiano.
Distribuire la farcia in parti uguali sulle crespelle, chiuderle a sacchetto o a fazzoletto e disporle in una pirofila imburrata. Preparare la besciamella facendo sciogliere il burro in una casseruola, unendo la farina e facendola amalgamare. Versare il latte e cuocere profumando con noce moscata. Regolare di sale. Velare le crespelle con la salsa, cospargerle con pangrattato e fiocchi di burro, e gratinarle in forno già caldo a 200 °C.

TEMPO DI PREPARAZIONE
1 ora e 30 minuti

TEMPO DI COTTURA
10 minuti in forno

BOCCONCINI DI POLLO CON CIPOLLINE FRESCHE E BIRRA

PETTI DI POLLO AGLI SPINACI SU LETTO DI CIPOLLE

FRICASSEA DI TACCHINO E VERDURE

FARAONA AI FUNGHI PORCINI

CONIGLIO MARINATO CON LE MANDORLE

INVOLTINI DI VITELLO AI CARCIOFI

STINCO DI VITELLO IN UMIDO

SPALLA DI MAIALE IN AGRODOLCE

ARISTA DI MAIALE ALLA VERZA

MEDAGLIONI DI MAIALE RIPIENI CON BROCCOLI E ACCIUGHE

COSTOLETTE D'AGNELLO AL PURÈ D'AGLIO

STRACCI DI MANZO AI FAGIOLI E INDIVIA

INVOLTINI DI MANZO CON CIPOLLE SU LETTO DI PEPERONI

SAUTÉ DI MANZO CON PORRI CROCCANTI, PANCETTA ED ERBE AROMATICHE CON POLENTA

SPEZZATINO DI MANZO CON PATATE

BRASATO ALLA BIRRA

ONDI DI CARNE

Bocconcini di pollo con cipolline fresche e birra

Ingredienti per 6 persone: 600 g di petto di pollo, 2 spicchi d'aglio, 1 mazzetto di prezzemolo, 2 dl di olio extravergine d'oliva, 200 g di farina, 1/2 dl di aceto di vino bianco, 1 dl di birra stile European Light Lager (per es. Heineken), 2 porri, sale, pepe nero.

Tagliare il petto di pollo a dadini. Tritare l'aglio e il prezzemolo e farli rosolare in una padella con metà dell'olio. Appena l'aglio comincia a imbiondire, aggiungere il pollo, precedentemente infarinato e privato della farina in eccesso. Far cuocere per circa 2 minuti a fuoco vivace, quindi salare e bagnare con parte dell'aceto. Far sfumare, unire la birra e continuare la cottura. Nel frattempo tagliare i porri a pezzetti regolari e saltarli in padella, a fuoco vivace, con il restante olio. Unirli al pollo, regolare di sale e pepe e terminare la cottura. Bagnare ancora a fine cottura con acqua, se necessario, e servire subito.

TEMPO DI PREPARAZIONE
30 minuti

TEMPO DI COTTURA
15 minuti

Petti di pollo agli spinaci su letto di cipolle

Ingredienti per 6 persone: 6 petti di pollo (circa 120 g ciascuno), 300 g di spinaci lessati, 90 g di rete di maiale, 400 g di cipolle rosse, 1 dl di olio extravergine d'oliva, 2 dl di birra stile Trappista (per es. Orval), 500 g di patate a dadini, sale, pepe nero.

Battere i petti di pollo fino a ottenere uno spessore sottile. Adagiare, su ognuno di essi, un po' di spinaci, ben strizzati e tritati grossolanamente. Arrotolarli e avvolgerli uno per uno nella rete di maiale. Tagliare le cipolle a fettine sottili e farle brasare in una casseruola con l'olio. Salare, pepare e, appena hanno preso colore, bagnarle con la birra; quando la parte alcolica sarà evaporata, coprire e terminare la cottura. Frullare le cipolle bagnandole con acqua, se necessario. Disporre i petti di pollo in una pirofila e infornare a 150 °C, aggiungendo poca acqua. Cuocere, sempre in forno, le patate, precedentemente rosolate con poco olio. Appena i petti sono pronti, tagliarli a listarelle e disporli nei piatti, con sotto il loro sughetto. Guarnire con le patate arrostite e servire ben caldi.

TEMPO DI PREPARAZIONE
40 minuti

TEMPO DI COTTURA
50 minuti

Fricassea di tacchino e verdure

Ingredienti per 6 persone: 600 g di petto di tacchino, 200 g di zucchine, 200 g di melanzane, 200 g di peperoni rossi, 2 scalogni, 1 dl di olio extravergine d'oliva, 2 dl di birra stile Weizen (per es. Paulaner), 3 tuorli, il succo di 1 limone, 1 mazzetto di basilico tritato, origano, 2 pomodori maturi, sale, pepe nero.

Tagliare a dadini le zucchine, le melanzane, i peperoni e la carne di tacchino, privata dei filamenti grassi. Affettare sottilmente gli scalogni e soffriggerli nell'olio in una padella. Appena saranno ben rosolati, aggiungere le verdure, salare e pepare. Cuocere per qualche minuto, quindi unire la carne e farla colorire a fuoco vivo. Bagnare con la birra e terminare la cottura a calore moderato. Nel frattempo sbattere i tuorli con il succo di limone, aggiungere il basilico e un pizzico d'origano, regolando di sale e pepe. Versare il tutto sulla carne e le verdure, alzare un po' la fiamma e servire ben caldo, cospargendo con i pomodori privati della buccia e dei semi, tagliati a dadini.

TEMPO DI PREPARAZIONE
40 minuti

TEMPO DI COTTURA
20 minuti

Faraona ai funghi porcini

Ingredienti per 6 persone: 1 faraona, 2 foglie di alloro, 6 fette di pancetta, 1 rametto di rosmarino, 2 dl di olio extravergine d'oliva, 600 g di funghi porcini, 2 spicchi d'aglio, 1 mazzetto di prezzemolo, 1 mazzetto di nepitella (mentuccia), 2 dl di birra stile European Light Lager (per es. Moretti), sale, pepe nero.

Lavare bene la faraona, asciugarla e insaporirla con sale e pepe. All'interno inserire le foglie di alloro. Avvolgere il petto con la pancetta, mettere il rosmarino, legare strettamente con spago da cucina, quindi adagiare la faraona in una teglia da forno e cuocere in forno già caldo, a 180 °C, dopo averla unta con poco olio. Nel frattempo, pulire e lavare bene i funghi, dividerli in quarti e trifolarli in una padella, dove è stato fatto rosolare un trito di aglio e prezzemolo. Profumarli con la nepitella, insaporirli con sale e pepe e portarli a cottura. Quando la faraona è cotta, sfornarla, toglierla dal fondo di cottura e dividerla in pezzi regolari. Sgrassare il fondo, rimettere la carne in forno, aggiungere i funghi, quindi bagnare con la birra. Lasciare evaporare la parte alcolica e cuocere ancora per 5 minuti.
La faraona può essere servita con fette di polenta abbrustolita.

TEMPO DI PREPARAZIONE
30 minuti

TEMPO DI COTTURA
1 ora

Coniglio marinato con le mandorle

Ingredienti per 6 persone: 1 coniglio (circa 1 kg), 1 cucchiaino di cannella in polvere, noce moscata, 1 cucchiaino di timo macinato, 2 dl di olio d'oliva, il succo e la scorza di 3 arance non trattate, 2 spicchi d'aglio, 2 dl di birra stile Strong Belgian (per es. Duvel), 2 mazzetti di basilico, 70 g di mandorle sfilettate e tostate, sale, pepe nero.

Dividere il coniglio in pezzi piccoli, dopo averlo lavato e asciugato. In una scodellina mescolare la cannella con il pepe, un po' di noce moscata e il timo, e con questo composto insaporire ogni singolo pezzo. Disporre il pollo in una terrina, salarlo leggermente e coprirlo con tre quarti dell'olio e il succo d'arancia. Lasciare marinare per almeno 2 ore in frigorifero. Trascorso questo tempo, in una padella far soffriggere con il restante olio gli spicchi d'aglio schiacciati, aggiungere il coniglio, asciugato dal liquido della marinata, e fargli prendere un bel colore. Bagnare con la birra, far evaporare la parte alcolica e portare a cottura, unendo dell'acqua se necessario. Unire il basilico tagliato a listarelle, le scorze delle arance tagliate a listarelle sottili e le mandorle tostate. Servire subito.

TEMPO DI PREPARAZIONE
2 ore

TEMPO DI COTTURA
45 minuti

Involtini di vitello ai carciofi

Ingredienti per 6 persone: 12 scaloppine di vitello (circa 60 g ciascuna), 6 fette di mortadella, 12 fettine di fontina, 6 carciofi, 100 g di farina, 2 dl di olio extravergine d'oliva, 2 spicchi d'aglio, 1 rametto di rosmarino, 2 dl di birra tipo American Light Lager (per es. Budweiser), 400 g di pomodori pelati, 1 mazzetto di prezzemolo tritato, sale, pepe nero.

Appiattire le scaloppine con il batticarne. Su ognuna di esse disporre mezza fetta di mortadella e una fettina di fontina. Unire poi i carciofi, puliti e tagliati a fette sottili. Salare e pepare leggermente. Arrotolare le fette di carne e chiuderle con degli stuzzicadenti. Infarinare gli involtini così ottenuti e farli rosolare in una padella con l'olio assieme agli spicchi d'aglio schiacciati e al rosmarino. Sgrassare il fondo di cottura e bagnare con la birra; appena la parte alcolica sarà evaporata, togliere la carne dal fuoco e tenerla da parte al caldo. Aggiungere i pelati, passati al passaverdura, e farli bollire a fuoco moderato, insaporendoli con sale e pepe. Quando risulteranno ristretti, unire gli involtini e lasciarli insaporire per qualche minuto. Servirli cospargendo con il prezzemolo.

TEMPO DI PREPARAZIONE
40 minuti

TEMPO DI COTTURA
50 minuti

Stinco di vitello in umido

Ingredienti per 6 persone: 1 stinco di vitello, 120 g di cipolla, 80 g di sedano, 80 g di carote, 1 dl di olio extravergine di oliva, 3 spicchi d'aglio, 1/2 litro di birra scura stile European Dark Lager (per es. Heineken Dark), 3 foglie di alloro, 3 foglie di salvia, 1 rametto di rosmarino, 5 bacche di ginepro, brodo di carne, sale, pepe nero.

Pulire bene lo stinco e insaporirlo con sale e pepe. Tagliare a dadini la cipolla, il sedano e le carote e farli a rosolare in una casseruola con l'olio e gli spicchi d'aglio schiacciati. Salare leggermente e, quando appaiono di un colore abbastanza scuro, aggiungere lo stinco. Farlo colorire da tutte le parti e spruzzare con la birra. Unire tutti gli altri aromi, bagnare con acqua e brodo e far cuocere coperto. Quando lo stinco sarà pronto, toglierlo dalla casseruola e tenerlo da parte al caldo. Togliere le bacche di ginepro e passare il fondo di cottura al setaccio. Affettare lo stinco e servirlo cospargendolo con la salsa ottenuta.

TEMPO DI PREPARAZIONE
30 minuti

TEMPO DI COTTURA
2 ore e 15 minuti

Spalla di maiale in agrodolce

Ingredienti per 6 persone: 600 g di spalla di maiale, 2 dl di birra stile European Light Lager (per es. Peroni), 100 g di farina di riso, 2 dl di olio extravergine d'oliva, 200 g di carote, 100 g di sedano, 100 g di porri, 100 g di zucchero, 300 g di peperoni rossi e gialli, aceto di vino, sale.

Tagliare il maiale a dadini molto piccoli, trasferirli in una terrina e farli marinare nella birra per almeno 2 ore in frigorifero. Togliere la carne, asciugarla dal liquido della marinata, infarinarla e farla saltare in padella con metà olio. Tagliare le carote, il sedano e i porri a fette sottili e saltarli separatamente in una padella con il restante olio, a fuoco vivace, insaporendo con il sale. In una casseruola far sciogliere lo zucchero a fuoco basso; appena inizia a caramellare, unire la carne e i peperoni tagliati a dadini, amalgamare e spruzzare con un po' d'aceto. Lasciare sul fuoco ancora 1 minuto e servire molto caldo.

TEMPO DI PREPARAZIONE
2 ore

TEMPO DI COTTURA
30 minuti

Arista di maiale alla verza

Ingredienti per 6 persone: 900 g di arista di maiale disossata, 1 cipolla bianca, 1 gambo di sedano, 2 porri, 2 spicchi d'aglio, 1 dl di olio extravergine d'oliva, 1 kg di verza, 300 g di pomodori pelati, 2 dl di birra stile Brown Ale (per es. Birra Trentatré del Borgo), sale, pepe nero.

Legare l'arista, insaporirla con sale e pepe, quindi metterla in una teglia e cuocerla in forno, con poca acqua, la cipolla e il sedano tagliati a dadini. Tagliare i porri e l'aglio a fettine sottili, e soffriggerli in una casseruola con l'olio. Quando saranno imbionditi, unire la verza, tagliata a listarelle. Farla cuocere coperta, dopo averla salata, e aggiungere, in seguito, i pomodori pelati e passati con il passaverdura. Continuare la cottura fuoco basso. Bagnare piuttosto di frequente l'arista con la birra, affinché formi esternamente una crosticina lucida. Quando è pronta, toglierla dal forno e tenerla al caldo. Eliminare le verdure dal fondo, sgrassarlo e filtrarlo. Riscaldarlo sul fuoco e versarlo sull'arista tagliata a fette. Accompagnare con le verze brasate.

TEMPO DI PREPARAZIONE
30 minuti

TEMPO DI COTTURA
1 ora

Medaglioni di maiale ripieni con broccoli e acciughe

Ingredienti per 6 persone: 12 fette di prosciutto di maiale (circa 75 g l'una), 150 g di mozzarella, 20 g di capperi, 12 olive verdi piccanti, 6 fette di lardo, 2 spicchi d'aglio, 3 foglie di salvia, 1 rametto di rosmarino, 1 dl di birra stile Strong Lager (per es. Birra Castello Doppio Malto), 750 g di broccoli, 1 dl di olio extravergine d'oliva, 3 acciughe sott'olio, sale, pepe nero.

Battere molto bene le fette di prosciutto fresche. Su metà di queste disporre 1 fettina sottile di mozzarella, dei capperi e 1 oliva divisa a metà. Salare leggermente e coprire con le restanti fette. Avvolgere ogni involtino ottenuto con il lardo e cuocere a fuoco basso, in una padella, con l'aggiunta di pochissima acqua. Durante la cottura, insaporire con l'aglio, la salvia, il rosmarino finemente tritati e mescolati al pepe. Quando la carne sarà rosolata, bagnare con la birra, far evaporare la parte alcolica e servire insieme ai broccoli scottati in acqua e saltati in padella con olio e acciughe.

TEMPO DI PREPARAZIONE
30 minuti

TEMPO DI COTTURA
15 minuti

Costolette d'agnello al purè d'aglio

Ingredienti per 6 persone: 18 costolette d'agnello, 1 dl di birra stile European Light Lager (per es. Forst), 50 g di farina di mais, 50 g di olive nere, 2 dl di olio extravergine d'oliva, 12 spicchi d'aglio, 400 g di patate lessate, 1 dl di latte, 1 mazzetto di prezzemolo tritato, la scorza di 2 limoni non trattati, 2 cipollotti freschi, sale, pepe nero.

Appiattire bene le costolette di agnello, bagnarle appena con la birra, quindi passarle nella farina di mais mescolata alle olive nere tritate. In una padella scaldare l'olio e aggiungervi gli spicchi d'aglio con la buccia, facendoli cuocere a fuoco moderato. Toglierli, privarli della polpa ammorbidita e mescolarla alle patate già lessate e leggermente stemperate con il latte. Salare e pepare, quindi tenere da parte al caldo. Cuocere le costolette nell'olio aromatizzato dall'aglio, fino a formare una crosticina croccante. Servirle cospargendole con il prezzemolo, la scorza di limone e i cipollotti tritati, accompagnando con il purè d'aglio.

TEMPO DI PREPARAZIONE
30 minuti

TEMPO DI COTTURA
5 minuti

Stracci di manzo ai fagioli e indivia

Ingredienti per 6 persone: 750 g di noce di manzo tagliata a fette piccole e sottili, 2 spicchi d'aglio, 6 foglie di salvia, 1 rametto di rosmarino, 1 dl di olio extravergine d'oliva, 1 cespo di indivia belga, 1 dl di birra stile Stout (per es. Guinness), 600 g di fagioli cannellini lessati, sale, pepe nero.

Tritare finemente l'aglio, la salvia e il rosmarino e rosolarli con l'olio in una padella. Unire l'indivia tagliata a pezzetti e farla insaporire, regolando di sale e pepe. Bagnare con la birra e far evaporare la parte alcolica. Aggiungere i cannellini e bagnare con poca acqua della loro bollitura. Proseguire la cottura per qualche minuto. Cuocere la carne in una padella antiaderente, salandola alla fine. Servirla insieme ai fagioli.

TEMPO DI PREPARAZIONE
30 minuti

TEMPO DI COTTURA
25 minuti

Involtini di manzo con cipolle su letto di peperoni

Ingredienti per 6 persone: 600 g di fettine di manzo, 400 g di cipolle rosse, 3 dl di olio extravergine d'oliva, 150 g di ricotta, 3 spicchi d'aglio, 1 mazzetto di prezzemolo, 500 g di peperoni rossi, 200 g di pomodori pelati, 3 foglie di salvia, 2 dl di birra stile Strong Ale (per es. Moretti La Rossa), sale, 5 chicchi di pepe in grani.

Affettare finemente le cipolle e farle stufare in una casseruola con 1 dl di olio, il sale e il pepe in grani. Cuocerle coperte a fuoco basso, aggiungendo acqua se necessario. Battere molto bene le fettine di carne, disporre su ciascuna un po' di cipolla, senza liquido, e di ricotta. Formare gli involtini e fermarli con uno stecchino. Tritare l'aglio e il prezzemolo e farli rosolare in padella con 1 dl di olio per pochi secondi: aggiungere i peperoni tagliati a listarelle sottili, salare e proseguire la cottura a fuoco basso. Quando risulteranno sufficientemente morbidi, unire i pelati passati al passaverdura e terminare la cottura. Scaldare il restante olio in una padella con la salvia e rosolarvi gli involtini bene da tutte le parti, sgrassare e bagnare con la birra. Quando la parte alcolica sarà evaporata, aggiungere i peperoni e finire di cuocere a fuoco basso.

TEMPO DI PREPARAZIONE
40 minuti

TEMPO DI COTTURA
40 minuti

Sauté di manzo con porri croccanti, pancetta ed erbe aromatiche con polenta

Ingredienti per 6 persone: 900 g di noce di manzo, 250 g di farina gialla, 40 g di burro, zenzero macinato, peperoncino, 1 rametto di rosmarino, 4 foglie di salvia, timo, alloro, 2 spicchi d'aglio, 3 dl di olio extravergine d'oliva, 250 g di porri, 200 g di pancetta, 2 dl di birra stile European Light Lager (per es. Pilsner Urquell), il succo e la scorza di 2 limoni non trattati, sale, pepe nero.

Con la farina gialla, dell'acqua e un po' di sale preparare una polenta, insaporendola con il burro alla fine. Tenere da parte al caldo. Tritare finemente le spezie, le erbe aromatiche e l'aglio, e con il tutto insaporire la carne, tagliata a dadini. In una terrina farla marinare per circa 2 ore in frigorifero con 1 dl di olio e il succo di limone, dopo averla condita con il pepe. Tagliare i porri a pezzetti e la pancetta a dadini. In una padella riscaldare il restante olio e far saltare, a fuoco vivace, i porri; salarli leggermente e tenerli da parte al caldo. Saltare nel medesimo modo anche la pancetta. Nello stesso olio aggiungere la carne, scolata dalla marinata. Farla colorire a fuoco vivace, quindi bagnarla con la birra. Appena la parte alcolica sarà evaporata, aggiungere la scorza dei limoni, tagliata a listarelle sottili, e poco brodo o acqua per terminare la cottura. Versare la polenta come base sui piatti individuali, quindi disporvi sopra la carne. Aggiungere i porri e la pancetta già saltati e servire.

TEMPO DI PREPARAZIONE
2 ore

TEMPI DI COTTURA
45 minuti per la polenta
10 minuti per la carne

Spezzatino di manzo con patate

Ingredienti per 6 persone: 900 g di muscolo di manzo, 50 g di carote, 50 g di sedano, 200 g di cipolle rosse, 2 spicchi d'aglio, 1 mazzetto di prezzemolo, 2 dl di olio extravergine d'oliva, 2 dl di birra stile European Dark Lager (per es. San Miguel scura), 200 g di pomodori pelati, 1 litro di brodo di carne, 4 bacche di ginepro, 500 g di patate, sale, pepe nero.

Tritare finemente le carote, il sedano, le cipolle, l'aglio e il prezzemolo e farli rosolare in una casseruola con l'olio, salando leggermente. Quando risulteranno ben coloriti, mettere la carne tagliata a dadini, farla insaporire per qualche minuto, quindi bagnare con la birra; appena la parte alcolica sarà evaporata, aggiungere i pomodori pelati passati al passaverdura, e far riprendere il bollore. Bagnare con brodo, unire le bacche di ginepro, insaporire con il pepe e proseguire la cottura. Aggiungere le patate tagliate a dadini e terminare di cuocere dopo circa 30 minuti.

TEMPO DI PREPARAZIONE
40 minuti

TEMPO DI COTTURA
3 ore

Brasato alla birra

Ingredienti per 6 persone: 1 kg di fesa di manzo, 7,5 dl di birra scura stile European Dark Lager (per es. Beck's Dark), 150 g di cipolle, 150 g di carote, 150 g di sedano, 4 chiodi di garofano, 1 pezzetto di cannella, 1 mazzetto di timo, 100 g di burro, 2 spicchi d'aglio, 3 foglie di alloro, 1 rametto di rosmarino, 1/2 litro di brodo, sale, pepe nero.

Legare la carne strettamente con spago da cucina e metterla in una terrina. Ricoprirla con la birra e aromatizzarla con le cipolle, le carote e il sedano tagliati a dadini, i chiodi di garofano, la cannella sbriciolata e le foglie di timo. Salare e pepare leggermente. Marinare la fesa per almeno 6 ore, meglio se per una notte intera. Trascorso il tempo necessario, togliere la carne e asciugarla con uno strofinaccio pulito. Far sciogliere il burro in una casseruola, aggiungere la fesa e farla rosolare in modo da formare una crosticina uniforme. Aggiungere le verdure della marinata, salare e pepare, quindi cuocere a fuoco vivo per qualche minuto. Aggiungere l'alloro e il rosmarino, poi bagnare con la birra della marinata. Quando la parte alcolica sarà evaporata, unire il brodo caldo e lasciar stufare a lungo a fuoco lento, rivoltando la carne di tanto in tanto, bagnandola con il liquido di cottura. Passare il fondo di cottura al setaccio, tagliare il brasato a fette di medio spessore e cospargerle con il sugo ottenuto.

TEMPO DI PREPARAZIONE
6 ore

TEMPO DI COTTURA
3 ore

FILETTO DI BRANZINO
SALTATO CON PINOLI E UVETTA

TRANCE DI SALMONE
ALLE MELANZANE CON SALSA
DI ACCIUGHE E PATATE

TRANCIO DI DENTICE
CON ZUCCHINE E PINOLI

CUBETTI DI PESCE SPADA
SU CREMA DI MELANZANE

ZUPPA DI PESCE

COZZE FRITTE SU COULIS
DI POMODORO

FRITTATA DI FASOLARI

ZUPPETTA DI MOSCARDINI

SEPPIE RIPIENE ALL'AROMA
DI SALVIA

TOTANI RIPIENI

INZIMINO DI CALAMARI

GAMBERETTI E CARCIOFI

GAMBERI IN SALSA DI FUNGHI
E NOCCIOLE

MAZZANCOLLE AL FORNO
CON BACON
E MANDORLE

SCAMPI CON SALSA DI PATATE
E PEPERONI

ASTICE IN SALSA DI PEPERONI
ROSSI E CIME DI RAPA

ONDI DI PESCE

Filetto di branzino saltato con pinoli e uvetta

Ingredienti per 6 persone: 3 branzini (circa 600 g ciascuno), 50 g di uvetta, 2 dl di birra stile Weizen (per es. Paulaner), 300 g di carote, 200 g di sedano, 50 g di burro, 2 dl di olio extravergine d'oliva, 3 rametti di rosmarino, 6 foglie di salvia, 2 pomodori maturi, 2 mazzetti di basilico tritato, il succo di 2 limoni, 60 g di pinoli, sale, pepe nero.

Mettere a bagno l'uvetta in un terzo della birra. Tagliare le carote e il sedano a bastoncini sottili e tenerli da parte. Sfilettare i branzini. Conservare le teste e le lische, che saranno messe a stufare per 10 minuti in padella con il burro. Bagnarle con la restante birra e farle ancora sobbollire per circa 30 minuti. Saltare i filetti di branzino in padella antiaderente, dove sarà stato messo a scaldare l'olio con il rosmarino e la salvia. Cuocere prima dalla parte della pelle, poi dall'altro lato e terminare la cottura, regolando di sale e di pepe. Tenere da parte al caldo. Sbucciare il pomodoro, tagliarlo a dadini e condirlo con il basilico, un po' di sale e il succo di limone. Saltare in padella anche le carote e il sedano, unire l'uvetta, ben strizzata, e i pinoli, quindi versare il tutto sui filetti di branzino. Filtrare il liquido ottenuto dalle teste, farlo ridurre sul fuoco e versarlo sui filetti. Aggiungere il pomodoro e servire subito.

TEMPO DI PREPARAZIONE
1 ora

TEMPO DI COTTURA
15 minuti

Trance di salmone alle melanzane con salsa di acciughe e patate

Ingredienti per 6 persone: 6 trance di salmone (circa 150 g ciascuna), 200 g di melanzane, origano, 1 mazzetto di basilico tritato, 1 mazzetto di prezzemolo, 2 spicchi d'aglio, 2 dl di olio extravergine d'oliva, 5 acciughe sott'olio, 500 g di patate lessate, 1 di birra stile American Light Lager (per es. Corona), 50 g di capperi, sale, pepe nero.

Dividere le trance di salmone a metà, per il senso della lunghezza, asportare la pelle e insaporirle con sale e pepe. Affettare le melanzane all'affettatrice, perché risultino sottilissime. Adagiare le mezze trance sulle melanzane, e cospargerle con origano e basilico. Chiuderle con i gambi del prezzemolo, tenendo da parte le foglie. In una padella rosolare gli spicchi d'aglio interi nell'olio: quando risulta ben caldo, aggiungere le trance e cuocerle a fuoco vivace, per qualche minuto. Toglierle e tenerle da parte al caldo. Spremere gli spicchi d'aglio cotti e aggiungerli al fondo di cottura sgrassato. Unire anche le acciughe tritate e farle sciogliere a fuoco basso, bagnando con la birra. Unire il composto alle patate, lessate e passate al passaverdura, e diluire il tutto fino a ottenere una crema fluida. Servire le trance sul letto di crema, cospargendole con le foglie del prezzemolo tritate e i capperi.

TEMPO DI PREPARAZIONE
40 minuti

TEMPO DI COTTURA
15 minuti

Trancio di dentice con zucchine e pinoli

Ingredienti per 6 persone: 900 g di dentice in tranci, 500 g di zucchine, 2 dl di olio extravergine d'oliva, 2 foglie di salvia, 2 rametti di rosmarino, 2 spicchi d'aglio, 2 dl di birra stile Bock (per es. Poretti Bock), 60 g di pinoli, 1 mazzetto di prezzemolo tritato, sale, pepe nero.

Tagliare i tranci di dentice a rombi regolari. Affettare finemente le zucchine e rosolarle a fuoco vivace in una padella, con metà dell'olio, un po' di sale e la salvia. Lasciarle al dente e togliere la salvia alla fine. Tenere da parte. In una padella antiaderente far scaldare il restante olio insieme al rosmarino e agli spicchi d'aglio schiacciati. Cuocere il dentice, prima dalla parte della pelle affinché formi una crosticina croccante, quindi dall'altro lato, bagnando a questo punto con la birra. Aggiungere le zucchine tenute da parte, pepare, quindi unire i pinoli e, a fine cottura, il prezzemolo.

TEMPO DI PREPARAZIONE
20 minuti

TEMPO DI COTTURA
20 minuti

Cubetti di pesce spada su crema di melanzane

Ingredienti per 6 persone: 600 g di pesce spada, 2 spicchi d'aglio, 1 mazzetto di prezzemolo, 1 peperoncino, 2 dl di olio extravergine d'oliva, 500 g di melanzane, 1 cucchiaino di semi di finocchio, la scorza grattugiata di 1 limone non trattato, 2 dl di birra stile English Bitter Ale (per es. Niña Baladin), sale, 1 mazzetto di basilico, 1 cucchiaino di pepe rosa.

Tagliare il pesce spada a cubetti. Tritare l'aglio, il prezzemolo e il peperoncino e soffriggere in una padella con metà dell'olio e un po' di sale. Appena l'aglio comincia a imbiondire, unire le melanzane tagliate anch'esse a dadini, insaporirle con sale, mettere i semi di finocchio e continuare la cottura coprendo. Quando risulteranno morbide, toglierle e frullarle con il frullatore a immersione, unendo la scorza di limone. In un'altra padella saltare il pesce spada a fuoco vivace con il restante olio, bagnare con la birra e far evaporare. Versare la crema di melanzane nei piatti, disporvi il pesce spada e guarnire con il basilico spezzettato e i granelli di pepe rosa.

TEMPO DI PREPARAZIONE
30 minuti

TEMPO DI COTTURA
40 minuti

Zuppa di pesce

Ingredienti per 6 persone: 600 g di palombo, 400 g di tracine, 200 g di pesce cappone, 400 g di gamberoni, 600 g di cicale di mare, 600 g di cozze, 600 g di seppioline, 2 spicchi d'aglio, 1 cipolla rossa, 2 peperoncini, 2 dl di olio extravergine d'oliva, 2 dl di birra Strong Belgian Ale (per es. Lurisia 10 Baladin), 400 g di pomodori pelati, 6 fette di pane toscano, 1 mazzetto di prezzemolo tritato.

Pulire molto bene i pesci, svuotandoli delle interiora e togliendo le squame. Eliminare il baffo interno delle cozze e spazzolarle. Asportare l'osso dalle seppioline. Tritare finemente l'aglio, la cipolla e i peperoncini e farli rosolare in una casseruola con l'olio. Quando appaiono di colore dorato, unire le seppioline tagliate ad anelli e farle stufare per 10 minuti. Unire in seguito il palombo tagliato a fette, le tracine e il pesce cappone. Bagnare con la birra, farla evaporare, quindi unire i pomodori pelati, passati con il passaverdura. Cuocere per 10 minuti e aggiungere il restante pesce. Servire la zuppa su fette di pane tostate e agliate, cospargendola con il prezzemolo.

TEMPO DI PREPARAZIONE
2 ore

TEMPO DI COTTURA
1 ora

Cozze fritte su coulis di pomodoro

Ingredienti per 6 persone: 1,5 kg di cozze, 2 spicchi d'aglio, 1 mazzetto di prezzemolo tritato, origano, 1 peperoncino tritato, 1 dl di birra stile European Light Lager (per es. Menabrea), 500 g di pomodori maturi, 1 dl di olio extravergine d'oliva, 2 uova, 150 g di pangrattato, 1 mazzetto di basilico, 6 fette di pancarré tostate, 1 litro di olio di semi per friggere, sale, pepe nero.

Pulire e lavare bene le cozze, metterle in una padella coperte e farle aprire a fuoco basso, affinché espellano tutta la loro acqua. Una volta aperte, sgusciarle e metterle in una terrina a marinare, insieme all'aglio e al prezzemolo, un po' di sale e di origano, il pepe, il peperoncino e la birra. Nel frattempo sbucciare i pomodori e privarli dei semi, passarli al passaverdura, quindi montare il succo ottenuto con un frullatore a immersione, aggiungendo parte dell'acqua di cottura delle cozze, filtrata, e l'olio, ottenendo così il coulis. Scolare le cozze dal liquido della marinata, passarle nell'uovo sbattuto e nel pangrattato per due volte, perché risultino ben impanate. Friggerle nell'olio molto caldo, scolarle e servirle sul coulis di pomodoro, decorato con le foglie di basilico e contornate dal pane tostato.

TEMPO DI PREPARAZIONE
45 minuti

TEMPO DI COTTURA
3 minuti

Frittata di fasolari

Ingredienti per 6 persone: 1,5 kg di fasolari, 2 peperoncini, 2 scalogni, 1 dl di olio extravergine d'oliva, 2 pomodori maturi, 6 uova, 1 dl di birra stile American Light Lager (per es. Corona), 1 mazzetto di prezzemolo tritato, 1 mazzetto di erba cipollina, sale, pepe nero.

Mettere a spurgare i fasolari in acqua. Tritare insieme i peperoncini e gli scalogni, e farli rosolare in una padella con tre quarti dell'olio. Salare leggermente, quindi unire i fasolari, farli insaporire, aggiungere i pomodori privati della buccia e dei semi e tagliati a filetti. Regolare di sale e pepe. Far aprire i fasolari, toglierli dal guscio e tenerli da parte in una terrina. Nel frattempo sbattere le uova con la birra, aggiungere il prezzemolo e unire il tutto ai frutti di mare. Mescolare bene, versare in una padella con il restante olio, ben caldo; far rapprendere da un lato, poi capovolgere e cuocere l'altro lato. Servire la frittata cosparsa con erba cipollina.

TEMPO DI PREPARAZIONE
30 minuti

TEMPO DI COTTURA
5 minuti

Zuppetta di moscardini

Ingredienti per 6 persone: 900 g di moscardini puliti, 1 cipolla bianca, 2 dl di olio extravergine d'oliva, 2 spicchi d'aglio, 1 mazzetto di prezzemolo tritato, 2 peperoncini, 2 dl di birra stile Trappista (per es. Chimay Blue), 300 g di pomodori pelati, origano, 6 dl di brodo di pesce, 6 fette di pane toscano, sale, pepe nero.

Lavare molto bene i moscardini e asciugarli. Tritare finemente la cipolla e rosolarla in una casseruola con l'olio. Unire 1 spicchio d'aglio, la metà del prezzemolo e i peperoncini spezzettati. Salare e far prendere colore al fondo. Aggiungere i moscardini, farli insaporire a fuoco alto, quindi bagnare con la birra. Appena la parte alcolica sarà evaporata, versare i pomodori pelati, passati al passaverdura. Regolare di sale e di pepe, insaporire con un pizzico di origano, quindi continuare la cottura a fuoco basso. Bagnare con il brodo, facendo attenzione che i moscardini risultino sempre sufficientemente umidi. Tostare in forno le fette di pane e strofinarle con il restante aglio. Disporre le fette di pane divise a metà nelle fondine, versare la zuppa e cospargere il tutto con il rimanente prezzemolo.

TEMPO DI PREPARAZIONE
30 minuti

TEMPO DI COTTURA
1 ora e 30 minuti

Seppie ripiene all'aroma di salvia

Ingredienti per 6 persone: 6 seppie di medie dimensioni (circa 900 g), 150 g di ricotta, il succo e la scorza grattugiata di 2 arance non trattate, 100 g di pancetta, 1 spicchio d'aglio, origano, 1 dl di olio extravergine d'oliva, 12 foglie di salvia, 100 g di olive nere denocciolate, 1 dl di birra stile European Light Lager (per es. Dreher), sale, pepe nero.

Pulire bene le seppie, togliendo l'osso interno ed eliminando le sacche dell'inchiostro. Tritare finemente i tentacoli e, in una terrina, mescolarli con la ricotta, la scorza d'arancia, la pancetta tritata, l'aglio sbollentato e un pizzico di origano, insaporendo il tutto con sale e pepe. Amalgamare bene l'impasto e farcire le seppie. Fermarle con uno stuzzicadenti. In una casseruola far rosolare l'olio con la salvia, unire le seppie e farle colorire a fuoco vivace. Aggiungere le olive tagliate a filetti e bagnare con la birra, farla evaporare e bagnare ancora con il succo d'arancia. Continuare la cottura fino a che il sugo risulti denso. Servire le seppie tagliate a fette, cospargendole con il loro fondo di cottura.

TEMPO DI PREPARAZIONE
45 minuti

TEMPO DI COTTURA
50 minuti

Totani ripieni

Ingredienti per 6 persone: 900 g di totani, 50 g di parmigiano grattugiato, 100 g di ricotta, la scorza grattugiata di 1 limone non trattato, 1 rametto di rosmarino, 1 spicchio d'aglio, 1 mazzetto di prezzemolo, 1 dl di olio extravergine d'oliva, 2 dl di birra stile Scottish Strong Ale (per es. Bulldog), sale, pepe nero.

Pulire bene i totani, lavarli e staccare le parti tentacolari dalla testa. Tritare i ciuffi, trasferirli in una terrina e unirvi il parmigiano grattugiato, la ricotta, un po' di sale, la scorza di limone, il rosmarino, l'aglio e il prezzemolo tritati. Amalgamare bene il composto ottenuto e riempire con esso le sacche rimaste vuote. Chiudere con degli stecchini di legno o cucire con filo da cucina. Disporre i totani così preparati in una teglia unta con l'olio, cuocerli in forno a 160 °C e bagnarli con la birra. Quando la parte alcolica è evaporata, continuare la cottura coperti, facendo attenzione che non si laceri la pelle. Quando la polpa dei totani sarà diventata morbida e il sugo ristretto, toglierli dal forno e farli intiepidire per qualche minuto. Servirli interi o tagliati a fette di spessore medio, accompagnati da crudité o fritto misto di verdure.

TEMPO DI PREPARAZIONE
45 minuti

TEMPO DI COTTURA
45 minuti

Inzimino di calamari

Ingredienti per 6 persone: 900 g di calamari, 1,5 kg di spinaci (o bietole), 1 carota, 1 gambo di sedano, 1 cipolla rossa, 1 dl olio extravergine d'oliva, 400 g di pomodori pelati, 3 spicchi d'aglio, 2 peperoncini, 2 dl di birra stile Abbazia (per es. Moretti Grand Cru), 6 fette di pane toscano, sale.

Pulire e lavare con cura gli spinaci (o le bietole). Fare un trito piuttosto fine con carota, sedano, cipolla e soffriggerlo in un tegame, possibilmente di alluminio, con l'olio. Intanto pulire i calamari e tagliarli ad anelli regolari. Unire al soffritto l'aglio tritato molto finemente, e quando è diventato di un bel colore dorato aggiungere i pelati e i peperoncini tritati. Regolare di sale. Schiacciare i pomodori con la forchetta, far riprendere il bollore e bagnare con la birra. Appena la parte alcolica è evaporata, aggiungere i calamari e far cuocere per circa 10 minuti. A questo punto distribuire in maniera uniforme gli spinaci tagliati (o le bietole), far appassire per qualche minuto, quindi mescolare bene il tutto e proseguire la cottura. Servire su fette di pane toscano tostate e strofinate con un po' d'aglio.

TEMPO DI PREPARAZIONE
50 minuti

TEMPO DI COTTURA
1 ora

Gamberetti e carciofi

Ingredienti per 6 persone: 900 g di gamberetti, 6 carciofi, 1 limone, 2 tuorli, un misto di erbe aromatiche fresche (menta, maggiorana, basilico), 2 dl di olio extravergine d'oliva, 1 dl di birra stile Weizen (per es. Erdinger Hefe Weizen), origano, 2 pomodori maturi, sale.

Sgusciare i gamberetti, lasciando la coda. Pulire i carciofi, togliendo le foglie più dure, e regolare la forma del gambo. Conservarli in una terrina, in acqua acidulata con il succo di limone.
Nel frattempo preparare una salsa lavorando i tuorli in una casseruola a bagnomaria, con le erbe aromatiche tritate e l'olio a filo. Quando il composto risulterà ben spumoso, aggiungere la birra e regolare di sale.
Lessare i carciofi in acqua acidulata e scottare i gamberetti per 1 minuto in forno a oltre 200 °C. Con la salsa ottenuta formare un letto sul piatto di ogni commensale, disporvi i carciofi divisi, i gamberi insaporiti con un pizzico d'origano e servire guarnendo con i pomodori sbucciati, privati dei semi e tagliati a dadini.

TEMPO DI PREPARAZIONE
30 minuti

TEMPO DI COTTURA
15 minuti

Gamberi in salsa di funghi e nocciole

Ingredienti per 6 persone: 24 gamberi, 2 spicchi d'aglio, 1 mazzetto di prezzemolo, 2 dl di olio extravergine d'oliva, 600 g di funghi porcini, 1 mazzetto di nepitella (mentuccia), 1 rametto di rosmarino, 50 g di rete di maiale, la scorza di 2 arance non trattate, 1 mazzetto di basilico, 2 dl di birra stile European Light Lager (per es. Pilsner Urquell), 1 cipolla piccola, 70 g di nocciole tostate, sale, pepe nero.

Sgusciare i gamberi e tenere da parte le teste. Tritare l'aglio e il prezzemolo e farli rosolare in una padella con metà dell'olio; salare leggermente e pepare, aggiungere i gambi dei porcini lavati e tagliati a lamelle. Far cuocere a fuoco basso, aggiungendo le foglie di nepitella. Quando risulteranno morbidi, toglierli e frullarli con un frullatore a immersione. Tagliare le cappelle dei funghi a dadini e saltarle in padella con il restante olio, insaporito con il rosmarino. Cuocere i gamberi in forno a 200 °C, avvolti nella rete di maiale, dopo averli cosparsi con la scorza d'arancia e le foglie di basilico. Bagnarli con una riduzione ottenuta facendo stufare in una casseruola le teste dei gamberi con la cipolla affettata sottilmente e la birra. Servire sulla crema di funghi, guarniti con le cappelle saltate e le nocciole, tritate grossolanamente.

TEMPO DI PREPARAZIONE
30 minuti

TEMPO DI COTTURA
5 minuti

Mazzancolle al forno con bacon e mandorle

Ingredienti per 6 persone: 24 mazzancolle, 120 g di bacon, 50 g di mandorle sfilettate, 2 dl di birra stile Strong Ale (per es. Theresianer), 1 dl di olio extravergine d'oliva, il succo e la scorza grattugiata di 2 arance non trattate, 1 gambo di sedano, sale.

Sgusciare le mazzancolle e avvolgerle nelle fette di bacon tagliate molto sottili. Disporle in una teglia, cospargerle con le mandorle sfilettate e bagnarle con la birra. Cuocerle in forno caldissimo, a oltre 200 °C. Con l'olio, il succo di 1 arancia e tutta la scorza preparare il condimento, unirvi il sedano tritato, salare e servirlo come accompagnamento alle mazzancolle.

TEMPO DI PREPARAZIONE
30 minuti

TEMPO DI COTTURA
5 minuti

Scampi con salsa di patate e peperoni

Ingredienti per 6 persone: 24 scampi, 100 g di lardo, 500 g di patate, 1 dl di panna fresca, noce moscata, 50 g di burro, 1 rametto di rosmarino, 350 g di peperoni verdi, 1 dl di olio extravergine d'oliva, 2 spicchi d'aglio, 1 dl di birra stile European Light Lager (per es. Carlsberg), sale, pepe bianco.

Sgusciare gli scampi e avvolgerli nel lardo, tagliato a fettine molto sottili. Lessare le patate, sbucciarle e, in una terrina, passarle con il passaverdura. Unire la panna, il sale, un pizzico di noce moscata e il burro aromatizzato con il rosmarino. Tagliare i peperoni a dadini molto piccoli e saltarli in padella con l'olio e l'aglio schiacciato, regolando di sale e pepe. Disporre gli scampi in una teglia con la birra e cuocerli in forno molto caldo per pochi minuti. Sul piatto di ogni commensale mettere le patate passate, gli scampi e infine i peperoni. Servire caldissimo.

TEMPO DI PREPARAZIONE
30 minuti

TEMPO DI COTTURA
10 minuti

Astice in salsa di peperoni rossi e cime di rapa

Ingredienti per 6 persone: 6 astici di medie dimensioni, 2 salsicce fresche, 1 carota, 2 gambi di sedano, 1 cipolla bianca, 1 limone, 500 g di peperoni rossi, 2 dl di olio extravergine d'oliva, 1 dl di birra stile Strong Belgian Ale (per es. La Chouffe), 500 g di cime di rapa, 2 spicchi d'aglio, 1 peperoncino, 6 grani di pepe nero.

Sbollentare gli astici per pochi minuti in un brodo aromatizzato con le salsicce, la carota, il sedano, la cipolla, il limone e i grani di pepe. Toglierli dall'acqua e, con l'aiuto di forbici da cucina, staccare la polpa dal carapace e dalle chele. Tagliare i peperoni a dadini e rosolarli in una casseruola con metà dell'olio. Bagnare con la birra, farla evaporare e portare a cottura, unendo acqua se necessario. Frullare il tutto. Tagliare l'astice a medaglioni. Disporre la salsa di peperoni in un piatto, adagiare i medaglioni di astice e cospargere con la salsiccia sbriciolata e le cime di rapa saltate con aglio, il restante olio e il peperoncino.

TEMPO DI PREPARAZIONE
30 minuti

TEMPO DI COTTURA
40 minuti

ZABAIONE FREDDO ALLA BIRRA

BAVARESE DI FRAGOLE E BIRRA

MOUSSE DI MASCARPONE
ALLA BIRRA

BUDINI DI TORRONE
CON SALSA AL CIOCCOLATO

CREMA DI AMARETTO E BIRRA

SOUFFLÉ GHIACCIATO
ALLA BIRRA

TORTA DI MELE

TORTA DI RISO

FRITTELLE DI UVETTA E PINOLI

PERE ALLA BIRRA

DESSERT

Zabaione freddo alla birra

Ingredienti per 6 persone: 6 tuorli, 150 g di zucchero, 2 dl di birra stile Strong Ale (per es. Bulldog), 10 g di colla di pesce (oppure di agar agar), 2 dl di panna montata, 6 lingue di gatto per servire.

Mettere a bagnomaria un contenitore a fondo concavo, nel quale siano già stati versati i tuorli, lo zucchero e la birra. Iniziare a montare il composto con una frusta, cercando di dare consistenza e cremosità. Quando il tutto appare spumoso, aggiungere anche la colla di pesce ammorbidita nell'acqua. Togliere dal fuoco e far raffreddare. Appena inizia ad addensarsi, unire la panna montata, mescolando delicatamente dal basso verso l'alto. Versare in coppette individuali, quindi riporre in frigo. Servire accompagnando con biscotti lingue di gatto.

TEMPO DI PREPARAZIONE
10 minuti

TEMPI DI COTTURA E RAFFREDDAMENTO
3 ore

Bavarese di fragole e birra

Ingredienti per 6 persone: 500 g di fragole, 1/2 litro di birra stile European Light Lager (per es. Carlsberg), 100 g di zucchero, 15 g di colla di pesce (oppure di agar agar), 7,5 dl di panna montata più il necessario per decorare, il succo di 2 limoni.

Lavare le fragole, dopo averle pulite, e frullarle. Trasferirle in una terrina e versare la birra, fatta bollire a parte con lo zucchero. Aggiungere la colla di pesce, ammorbidita in acqua fredda con il succo dei limoni. Passare il tutto al colino, quindi far raffreddare. Incorporare la panna montata, mescolando delicatamente dal basso verso l'alto sino a ottenere un composto liscio e omogeneo. Trasferire il tutto in uno stampo rotondo e raffreddare in frigorifero per almeno 3 ore. Sformare la bavarese, decorarla con fiocchi di panna montata e servire.

TEMPO DI PREPARAZIONE
4 minuti

TEMPO DI RAFFREDDAMENTO
3 ore

Mousse di mascarpone alla birra

Ingredienti per 6 persone: 400 g di mascarpone, 70 g di zucchero a velo, la scorza grattugiata di 2 arance non trattate, 1/2 dl di birra stile Strong Ale (per es. Ceres), 300 g di marmellata di arance, 50 g di nocciole tritate, 50 g di pistacchi tritati, biscotti di pasta frolla per guarnire.

In una terrina lavorare con una frusta il mascarpone insieme allo zucchero a velo. Unire la scorza delle arance, quindi la birra. Continuare a lavorare il composto, fino a renderlo spumoso. Fare raffreddare in frigorifero. Mettere la mousse in una tasca da pasticciere con beccuccio rigato, quindi spremerla su piattini da dessert, sul fondo dei quali sia stata distribuita la marmellata di arance passata al setaccio. Distribuire in superficie le nocciole e i pistacchi e guarnire a piacere con biscotti di pasta frolla.

TEMPO DI PREPARAZIONE
20 minuti

TEMPO DI RAFFREDDAMENTO
2 ore

Budini di torrone con salsa al cioccolato

Ingredienti per 6 persone: 100 g di torrone, 7 dl di latte, 50 g di mandorle, 50 g di nocciole, 50 g di zucchero, 4 uova intere, 2 tuorli, 1/2 dl di brandy, zucchero a velo e mandorle sfilettate per guarnire.
Per la salsa: 200 g di cioccolato fondente, 1 dl di birra stile Strong Ale (per es. Bière du Désert), 10 g di zucchero.

In una casseruola bollire il latte con il torrone, le mandorle private della pellicina e le nocciole, tostate e tritate grossolanamente. In una terrina lavorare, con l'ausilio di una frusta, lo zucchero con le uova e i tuorli. Quando appaiono gonfie e spumose, stemperare il tutto con il brandy. Aggiungere il composto al latte, togliere dal fuoco e mescolare. Distribuire il tutto in 6 stampini monoporzione, disporli in una teglia riempita per metà di acqua e cuocerli in forno a bagnomaria, a 160 C, fino a che la superficie risulti rassodata. Nel frattempo preparare la salsa: tritare finemente il cioccolato e farlo sciogliere in una casseruola, dove siano stati messi la birra e lo zucchero a bollire. Tenere a bagnomaria. Quando i budini sono pronti, farlo raffreddare in frigorifero. Sformarli su piattini da dessert dove sia stata già versata la salsa al cioccolato e guarnire a piacere con zucchero a velo e mandorle.

TEMPO DI PREPARAZIONE E RAFFREDDAMENTO
2 ore

TEMPO DI COTTURA
40 minuti in forno

Crema di amaretto e birra

Ingredienti per 6 persone: 1/2 litro di latte, 100 g di zucchero, la scorza di 1/2 limone non trattato, 4 tuorli, 60 g di farina, 100 g di amaretti, 1 dl di birra alla Tequila (per es. Desperados), 2,5 dl di panna fresca, 50 g di cioccolato fondente.

In una casseruola bollire il latte con metà dello zucchero e la scorza di limone. Togliere dal fuoco e tenere da parte. In una terrina lavorare i tuorli con il restante zucchero, fino a farli diventare spumosi. Unire la farina setacciata e amalgamare bene il tutto. Stemperare l'impasto così ottenuto con il latte caldo: appena risulterà diluito, metterlo nuovamente sul fuoco e riportarlo a bollore fino a farlo addensare, mescolando. Togliere la scorza di limone e aggiungere gli amaretti sbriciolati e la birra. Distribuire la crema così ottenuta in singole coppette e far raffreddare. Montare la panna e decorare ogni coppa creando una piccola rosellina, ottenuta con una tasca da pasticciere, e un po' di cioccolato tritato grossolanamente.

TEMPO DI PREPARAZIONE
40 minuti

TEMPO DI RAFFREDDAMENTO
2 ore

Soufflé ghiacciato alla birra

Ingredienti per 6 persone: 6 tuorli, 230 g di zucchero, 1 dl di Birra Strong Ale (per es. Ceres), 6 albumi, 7,5 dl di panna montata più il necessario per guarnire, cacao per decorare.

In una casseruola montare i tuorli con lo zucchero, lavorandoli a freddo con una frusta insieme a una parte della birra. Porre la casseruola a bagnomaria e continuare la lavorazione, facendo attenzione che l'acqua non inizi a bollire. Quando il composto si presenta denso e spumoso, e sarà raddoppiato di volume, togliere la casseruola e trasferirla in un recipiente di grandi dimensioni dove sia stato messo del ghiaccio. Continuare a lavorare la crema fino a che non sia completamente raffreddata. Aggiungere a questo punto la restante birra, gli albumi montati a neve ferma e la panna montata, facendo attenzione che tutti gli ingredienti siano ben amalgamati. Versare il preparato in uno stampo da soufflé, in precedenza rivestito tutt'intorno con strisce di carta oleata alte almeno 3 centimetri più del suo bordo, fermate con uno spago. Mettere nel freezer a raffreddare. Al momento di servire, togliere le strisce di carta, cospargere la superficie con cacao e guarnire con fiocchi di panna montata. A piacere, si può scavare un foro al centro e riempirlo con lo stesso stile di birra.

TEMPO DI PREPARAZIONE
1 ora

TEMPO DI RAFFREDDAMENTO
3 ore

Torta di mele

Ingredienti per 6 persone: 3 mele, 200 g di farina, 100 g di burro, 100 g di zucchero, la scorza di 1 arancia non trattata, chiodi di garofano, 1 dl di birra Strong Ale ambrata (per es. Adelscott), 2 dl di panna fresca.

In una terrina preparare l'impasto con la farina, metà del burro e poca acqua, lavorando il tutto per renderlo perfettamente omogeneo. Far riposare in frigorifero. Nel frattempo sbucciare le mele e dividerle in quarti, togliendo il torsolo. Nello stampo da utilizzare per cuocere la torta, far caramellare tre quarti dello zucchero e il restante burro. Quando risulta di un colore omogeneo, aggiungere le mele, alcuni chiodi di garofano e la scorza d'arancia, tagliata a listarelle sottili. Bagnare con la birra, far evaporare la parte alcolica, togliere dal fuoco, far riposare qualche minuto, quindi coprire le mele con la pasta, precedentemente stesa in una sfoglia sottile. Cospargerla con il restante zucchero e bucarla con i rebbi di una forchetta. Infornare la torta a 160 °C. Quando è cotta, capovolgerla direttamente nel piatto da portata. Servire accompagnando con panna fresca, da versare sulla superficie di ogni fetta.

TEMPO DI PREPARAZIONE
1 ora

TEMPO DI COTTURA
40 minuti

Torta di riso

Ingredienti per 6 persone: 1/2 litro di latte, 150 g di riso originario, 100 g di zucchero, la scorza grattugiata di 1 arancia e di 1 limone non trattati, 50 g di macedonia di canditi, 100 g di uvetta, 2 uova, 1 dl di birra Strong Ale ambrata (per es. Moretti La Rossa), 20 g di zucchero a velo, sale.
Per la pasta frolla: 250 di farina, 100 g di zucchero, 150 g di burro, 1 tuorlo, la scorza grattugiata di 1 limone non trattato.
Per la crema pasticciera: 2,5 dl di latte, 60 g di zucchero, 1/4 di stecca di vaniglia, la scorza di 1 arancia non trattata, 2 tuorli, 25 g di farina.

Per la pasta frolla: disporre la farina a fontana e, al centro, versare lo zucchero, il burro ammorbidito e il tuorlo. Profumare con la scorza di limone. Impastare velocemente con le mani o con l'aiuto di una spatola gli ingredienti, formare un panetto, cospargerlo di farina, avvolgerlo in uno strofinaccio o nella pellicola trasparente e farlo riposare in frigorifero per circa mezz'ora.
Per la crema pasticciera: bollire il latte con metà dello zucchero, la stecca di vaniglia e la scorza d'arancia. A parte lavorare i tuorli con il restante zucchero e amalgamare in seguito la farina. Stemperare con parte del latte, quindi versare il composto in una casseruola. Far bollire il tutto, mescolando sempre con una frusta. Togliere dal fuoco, versare in un vassoio e far raffreddare. Per la torta: bollire il latte e versarvi il riso. Cuocere a fuoco basso, sino a che il liquido sia stato assorbito. Aggiungere lo zucchero, le scorze di agrumi e la crema pasticciera, eventualmente non tutta se il composto risultasse già molto fluido. Amalgamare e unire i canditi e l'uvetta, fatti ammorbidire nella birra che andrà poi aggiunta all'impasto. Stendere la pasta frolla e rivestire uno stampo rotondo, imburrato e infarinato. Versare il composto di riso, livellare la superficie e infornare a 160 °C. Quando la torta è cotta, toglierla dallo stampo, lasciarla raffreddare e spolverizzarla con lo zucchero a velo.

TEMPO DI PREPARAZIONE
1 ora

TEMPO DI RIPOSO
30 minuti

TEMPO DI COTTURA
40 minuti

Frittelle di uvetta e pinoli

Ingredienti per 6 persone: 50 g di burro, 100 g di farina, 3 uova, 50 g di pinoli, 100 g di uvetta sultanina, 1 dl di birra stile Abbazia (per es. Chimay), 3 dl di olio di semi, 300 g di fragole, zucchero a velo, il succo di 1 limone, sale.

In una casseruola scaldare 150 g di acqua con il burro e un pizzico di sale. Appena bolle, unire la farina e amalgamare il tutto, fino a formare un composto omogeneo. Fare raffreddare leggermente togliendo dal fuoco, quindi aggiungere le uova, uno alla volta, incorporando con cura. Mettere i pinoli e l'uvetta, precedentemente ammollata nella birra, e completare così l'impasto, unendo anche la birra. Versare l'olio in una padella e farlo riscaldare: con l'aiuto di due cucchiai, formare delle piccole palline, gettarle nell'olio caldo e farle cuocere fino a che risultino gonfie e dorate. Toglierle, scolarle su carta da cucina e passarle nello zucchero a velo. Servire accompagnando con una crema fluida di fragole ottenuta frullandole con lo zucchero e il succo di limone.

TEMPO DI PREPARAZIONE
50 minuti

TEMPO DI COTTURA
5 minuti

Pere alla birra

Ingredienti per 6 persone: 6 pere kaiser, 60 g di burro, 50 g di zucchero, 3 dl di birra stile Strong Ale (per es. Bière du Démon), 50 g di mandorle sfilettate.

Lavare le pere e togliere il torsolo con l'apposito utensile. Incidere con un coltellino la superficie, affinché la buccia non scoppi durante la cottura, e disporle in una pirofila imburrata. In una terrina lavorare il burro con lo zucchero e riempire con questo composto le pere. Bagnare con la birra e infornare a 200 °C. Quando sono pronte, trasferire le pere nei piatti da portata, lucidarle con il fondo di cottura formatosi, opportunamente filtrato, e cospargerle con le mandorle sfilettate. Si possono servire accompagnate con gelato alla vaniglia.

TEMPO DI PREPARAZIONE
40 minuti

TEMPO DI COTTURA
20 minuti

- MATIA BARCIULLI
- MORENO CEDRONI
- AURORA MAZZUCCHELLI
- MARCO STABILE
- SERGIO M. TEUTONICO

NU DEGLI CHEF

MATIA BARCIULLI

Nato nel 1980, ha iniziato a lavorare a 14 anni, quando già frequentava la scuola, facendo esperienze ovunque. Nel 2001 l'incontro con Marcello Crini e l'inizio dell'avventura all'Osteria di Passignano, dove, insieme al suo collega Nicola Damiani, dirige la cucina, cercando di portare nel futuro le loro origini. È la sua "tradizione": alleggerire una cucina essenziale, dai sapori intensi, presentata nel modo più elegante possibile, senza scendere a compromessi dove a perdere sia il gusto.

OSTERIA DI PASSIGNANO
Via Passignano, 33
Tavarnelle Val di Pesa (FI)
Tel. 0558071278

Tempura di gamberoni su spuma di caprino, caviale di birra e melagrana

Ingredienti per 4 persone: 12 gamberoni, 150 g di farina di riso, 150 g farina 00, acqua gassata, g 300 di caprino fresco, olio extravergine d'oliva, 5 dl birra Ghisa del Birrificio Lambrate, 12 g agar agar, chicchi di melagrana, aneto, olio di semi per friggere.

Pulire i gamberoni e infilarli in piccoli spiedini di bambù, quindi passarli in una pastella ottenuta mescolando in una terrina la farina di riso, la farina 00, un po' di acqua gassata e di ghiaccio. Friggerli e servirli su formaggio caprino lavorato con poco olio e scornettato con una tasca da pasticciere, quindi guarnire con del caviale di birra ottenuto scaldando in una casseruola la birra con l'agar agar. Per mezzo di una piccola siringa produrre delle piccole gocce che andranno a raffreddarsi grazie all'utilizzo di olio di semi tenuto in freezer, imitando così le uova di caviale. Guarnire con foglioline d'aneto e chicchi di melagrana a piacere.

Gnocchetti al rosmarino con polpa di cinta senese, cime di rapa e pecorino stagionato

Ingredienti per 4 persone: 500 g di patate, 100 g di farina 00, rosmarino, 1 uovo, 1 spicchio d'aglio, peperoncino, 150 g di cime di rapa, 150 g di polpa di maialino, 3 dl di birra Zona Cesarini del Birrificio Toccalmatto, 150 g di pecorino stagionato, sale, pepe.

Lessare le patate con la buccia. Quando sono pronte, sbucciarle e passarle con lo schiacciapatate. Trasferire in una terrina, aggiungere la farina, il rosmarino tritato e l'uovo, impastare il tutto, realizzare dei piccoli gnocchetti e cuocerli in acqua bollente salata. Tritare l'aglio e il peperoncino, metterli in una padella e farvi saltare insieme le cime di rapa precedentemente sbollentate, quindi unire la polpa di maialino. Bagnare con la birra, lasciar asciugare e aggiungere gli gnocchetti, regolando di sale e pepe. Servire spolverizzando con abbondante pecorino grattugiato grossolanamente.

Galletto & galletti

Ingredienti per 4 persone: 2 galletti livornesi, 1 salsiccia, 2 scalogni, 300 g di funghi galletti, 300 g di castagne, olio extravergine d'oliva, rete di maiale, 1 gambo di sedano, 1 cipolla bianca, 2 carote, 5 dl di birra Super del Birrificio Baladin, timo.

Disossare il galletto, quindi separare il petto e tritarlo in modo da renderlo omogeneo. Trasferirlo in una terrina, quindi aggiungere la salsiccia, il timo e tre quarti degli scalogni tritati. Sbollentare le castagne sgusciate in modo da poterle sbucciare agevolmente. Pulire i funghi e saltarli in padella con l'olio. Farcire le cosce del galletto con l'impasto ottenuto mescolando castagne, un po' di funghi e la carne. Avvolgere nelle rete e infornare a 180 °C per mezz'ora circa con il sedano, la cipolla e le carote tagliati grossolanamente e saltati precedentemente in padella con un filo d'olio. Bagnare di tanto in tanto con la birra. Togliere le cosce e lasciare riposare per almeno 10 minuti. Nel frattempo passare al passaverdura il fondo di cottura. Servire la coscia scaloppata, guarnire con la salsa insieme con i funghi e le castagne saltati insieme. Insaporire con il restante scalogno e un po' di timo.

Coscio d'agnello alla birra su purea di topinambur

Ingredienti per 4 persone: 2 cosci di agnello, timo, 2 carote, 1 gambo di sedano, 1 spicchio d'aglio, 1 cipolla, olio extravergine d'oliva, 1 litro di birra Maxima del Birrificio Almond '22, 400 g di topinambur, 100 g di patate, 2 dl di latte, sale, pepe.

Disossare ogni coscio, quindi tenere da parte la polpa in una terrina e tagliarla in pezzi regolari. Insaporire di sale, pepe e timo e porre sottovuoto con l'apposita macchina. Cuocere per circa 5 ore a 80 °C. Nel frattempo tostare le ossa in forno e trasferirle in una casseruola con le carote, il sedano, l'aglio e la cipolla che avremo ben coloriti nell'olio. Bagnare con la birra e restringere, quindi aggiungere acqua fino a coprire e lasciar cuocere fino a che il liquido non sarà completamente ridotto. Filtrare e tenere la salsa alla birra così ottenuta. Lessare topinambur e patate insieme, passare allo schiacciapatate e ingentilire con latte. Regolare di sale e pepe. Servire il coscio di agnello, scaldato in acqua calda quando è ancora nella busta e poi spadellato per ottenere una crosticina croccante. Nappare la carne con la salsa e servire sulla purea di topinambur.

Birramisù

Ingredienti per 4 persone: 40 g di tuorli, 50 g di zucchero, 2,5 dl di latte, 10 g di gelatina in fogli, 50 g di mascarpone, 2,5 dl di panna fresca, 200 g di pan di Spagna, 5 dl di birra Verdi Imperial Stout (Birrificio del Ducato), 10 g di gelatina vegetale, cacao.

In una terrina montare i tuorli con 30 g di zucchero, quindi aggiungere il latte caldo e cuocere fino a 80 °C, aggiungere la gelatina in fogli e far raffreddare. In un'altra terrina lavorare il mascarpone e aggiungere il composto, quindi unire la panna e introdurre il tutto nel sifone, e con 2 bombolette di gas dare 2 cariche. Lasciare riposare in frigorifero 2 ore. Tagliare il pan di Spagna in dischi di 5 cm di diametro e biscottarli in forno a 180 °C per 3 minuti. Bollire 2 dl di birra con il restante zucchero e la gelatina vegetale. Versare in una teglia e, quando sarà fredda, tagliare in rettangoli. Posizionare ogni rettangolo di birra con sopra tre dischi di pan di Spagna imbevuti nella restante birra, quindi riempire con la spuma di mascarpone (se si vuole ottenere una forma ben definita usare un cerchio per sistemarli al centro dei piatti), ripetendo l'operazione per ognuno dei dischi. Cospargere con un po' di cacao.

MORENO CEDRONI

È nato ad Ancona nel 1964: appena ventenne ha aperto il ristorante La Madonnina del Pescatore a Senigallia. Ha scritto vari libri, tra cui *Sushi & Susci*, nel quale presenta il concetto di "susci", un modo innovativo di reinterpretare il pesce crudo, partito come imitazione dell'idea tradizionale del sushi giapponese per diventare poi un vero e proprio studio indipendente. È considerato uno degli chef italiani più innovativi, un "enfant terribile" della cucina, che gioca tra le radici della tradizione culinaria italiana e la vivacità del proprio spirito visionario.

MADONNINA DEL PESCATORE
Via Lungomare, 11
Marzocca di Senigallia (AN)
Tel. 071698267

Coscia d'anatra, caramello alla birra e cavolo cappuccio

Ingredienti per 4 persone: 800 g di coscia d'anatra, 40 g di cavolo cappuccio, salsa di soia e zenzero, sale di Maldon.
Per il caramello alla birra: 60 g di zucchero, 10 g di acqua, 25 g di birra chiara.
Per la salsa di verza: 80 g di verza in foglie, 8 g di acqua, 15 g di olio extravergine d'oliva.

Per il caramello alla birra, versare lo zucchero in una padella e cuocerlo a secco a 160 °C. Raggiunta la cottura togliere la padella dal fuoco e deglassare prima con l'acqua e poi con la birra. Tenere da parte.
Per la salsa di verza, frullare le foglie di verza precedentemente cotte in padella con l'acqua e l'olio.
Togliere parte del grasso dalla coscia dell'anatra e cospargerla con sale di Maldon. Metterla sottovuoto e cuocerla per 17 ore a 63,5 °C. Al termine lasciare riposare. Quando sarà tiepida, togliere l'osso e rimetterla sottovuoto. Qualche minuto prima dell'utilizzo trasferirla in acqua a 50 °C per qualche minuto. Cuocere prima dalla parte della carne e poi dalla parte della pelle fino a ottenere una crosticina. Lucidare la coscia dell'anatra con il caramello alla birra.
Tagliare il cavolo cappuccio alla julienne e cuocerlo in pentola per 3 minuti. Quando sarà freddo condirlo con la salsa di soia e zenzero.

Anguilla con pappa al pomodoro e gelatina alla birra

Ingredienti per 4 persone: 1 kg di anguilla di mare, 125 g di zucchero, 65 g di salsa di soia, 50 g di sake, sale di Maldon.
Per la gelatina: 100 g di birra Peroni Doppio Malto, 1 g di agar agar, 2 g di colla di pesce.
Per la pappa al pomodoro: 50 g di olio extravergine d'oliva (non piccante e non amaro), 35 g di cipolla bianca, 1 spicchio d'aglio, 125 g di pomodori pelati, 150 g di brodo di pesce, 50 g di pane, 5 g di basilico, 3 g di sale.

Pulire e sfilettare l'anguilla di mare, quindi ricavarne dei pezzi lunghi circa 5 centimetri. Preparare in un tegame 2 litri d'acqua e versarvi lo zucchero, la salsa di soia e il sake, fare sobbollire e cuocere l'anguilla per circa 45 minuti. Scolarla, raffreddarla e ridurre a una consistenza sciropposa la salsa.
Per la gelatina: versare un terzo della birra in una casseruola, portare a bollore, aggiungere la restante birra, sciogliervi l'agar agar e la colla di pesce. Trasferire in un contenitore in modo che la gelatina raggiunga uno spessore di circa 3 millimetri.
Per la pappa al pomodoro, far stufare nell'olio la cipolla tagliata sottile con l'aglio in camicia, poi aggiungere i pomodori pelati e il brodo di pesce con il sale. Cuocere a fuoco basso per circa 15 minuti, quindi unire il pane tagliato a dadini e il basilico alla julienne.
Alla base del piatto da portata versare un cucchiaio di pappa al pomodoro, sopra adagiare un filetto di anguilla tiepida, quindi irrorare con un giro della propria salsa cospargendo con alcuni chicchi di sale di Maldon e disponendo un rettangolo di gelatina di birra.

Spigola arrostita con purè di patate al tartufo nero, melanzane e salsa alla birra scura

Ingredienti per 4 persone: 4 filetti di spigola (circa 100 g l'uno), prezzemolata, 200 g di melanzane tagliate a dadini, 100 g di olio extravergine d'oliva, 10 g di rosmarino, 3 spicchi d'aglio.
Per il purè al tartufo: 500 g di patate, 50 g di latte, 40 g di burro, 100 g di tartufo nero, 50 g di olio extravergine d'oliva, 3 g di sale.
Per la salsa alla birra scura: 50 g di aceto balsamico, 100 g di birra scura.

Salare i filetti da ambo le parti e passarli nella prezzemolata (già preparata cuocendo in forno per 1 ora, a 100 °C, 100 g di pancarré frullato con 30 g di prezzemolo, 1 g d'aglio, 20 g di olio e 1 g di sale), facendo attenzione che non ne rimanga attaccata troppa. Tagliare a dadini di 1 centimetro per lato le melanzane, ricavandoli dalla loro parte scura. Mettere in una padella l'olio, il rosmarino legato con spago da cucina e gli spicchi d'aglio in camicia. Rosolare il tutto a fuoco basso in modo che l'olio si insaporisca, dopodiché togliere aglio e rosmarino e lasciare che i dadi di melanzana stufino nell'olio, badando che rimangano al dente. Raffreddare e mantenere nell'olio. Per il purè: lavare le patate, lessarle in acqua bollente fino a che uno stuzzicadenti vi entrerà bene, togliere la buccia e passare al passaverdura. Scaldare il latte, sciogliercì il burro con il sale, unire il tutto in un paio di volte alle patate, mescolando energicamente.
Fare raffreddare. Cuocere il tartufo nero nell'olio a fuoco basso per 1 ora, lasciarlo in infusione per 2 ore, raffreddarlo e frullarlo, mantenendolo coperto d'olio. Per ogni 100 g di purea aggiungere 20 g di tartufo nero tritato. Per la salsa alla birra scura: ridurre l'aceto balsamico a fuoco lentissimo, aggiungere la birra scura e battere con una frusta.
Scaldare la griglia, ungerla un poco, adagiarvi i filetti di spigola e farli segnare dai ferri prima di girarli. Finire la cottura in salamandra fino a raggiungere al cuore del filetto i 55 °C. Disporre nel piatto 4 dadi di melanzana scolati dall'olio, una pallina di purea al tartufo calda al centro, la spigola sopra e 1 cucchiaino di salsa alla birra su ogni dado di melanzana.

Costoletta di rombo, impanata alla birra chiara, con salsa di trippa di coda di rospo ed erbe di campo

Ingredienti per 4 persone: 2 kg circa di rombo.
Per la pastella: 80 g di farina 00, 3 g d'aglio, 3 g di rosmarino, 50 g di albume, 3 g di sale, 100 g di birra scura stile Guinness.
Per la salsa: 100 g di olio extravergine d'oliva, 5 g di rosmarino tritato, 3 g d'aglio, 10 g di succo di limone, 5 g di acqua, 3 g di sale.
Per la trippa di coda di rospo: 200 g di trippa di coda di rospo, 5 g di lardo, 1 g di salvia, 1 g di timo al limone, 5 g di sedano verde, 2 g di finocchio selvatico (barbette), 1 g di prezzemolo, 5 g di olio extravergine d'oliva, 5 g di cipolla bianca, 5 g di carota, 4 g di brodo di pesce, 2 g di sale, 1 g di peperoncino rosso, 3 g di parmigiano reggiano grattugiato.
Per le erbe di campo: 200 g di bietole, 50 g di cicoria, 50 g di olio extravergine d'oliva, 5 g d'aglio, 1 g di sale.

Sfilettare la pancia del rombo e, nella parte più alta della schiena, fare tre tagli trasversali così da ricavarne due costolette.
Per la pastella: riunire e mescolare in una terrina tutti gli ingredienti.
Per la salsa: in una ciotola mescolare l'olio, il rosmarino, l'aglio tagliato a pezzetti, il succo di limone, il sale e 5 g di acqua.
Per la trippa di coda di rospo: cuocere a court bouillon la trippa di coda di rospo e tagliarla alla julienne. Frullare insieme il lardo, la salvia, il timo al limone, il sedano, il finocchio selvatico, il prezzemolo, l'olio, la cipolla e la carota. Mettere il frullato in casseruola, aggiungervi la trippa e rosolarla, poi unire il brodo di pesce, il sale, il peperoncino, il formaggio grattugiato e cuocere a fuoco basso fino a quando la salsa avrà una certa consistenza.
Per le erbe di campo: sbollentare le bietole con la cicoria e passarle in padella con l'olio, l'aglio in camicia e il sale.
Mettere ogni costoletta di rombo sulla griglia, poi passarla nella pastella, cuocerla in una padella antiaderente e infine metterla in forno a 200 °C fino a raggiungere i 50 °C al cuore per avere il massimo della succulenza.
Versare al centro del piatto due cucchiai di trippa, un cucchiaio di erbe di campo nel mezzo, adagiarvi la costoletta e irrorare con un po' d'olio.

Che figata!

Ingredienti per 4 persone. Per la marmellata di birra: 500 g di birra scura, 300 g di zucchero, 75 g di acqua, 7 g di pectina.
Per le bucce di fico: le bucce e la polpa di 200 g di fichi, 150 g di zucchero, 6 g di colla di pesce, 4 g di agar agar, 6 g di succo di limone.
Per il gelato alla birra: 200 g di birra doppio malto, 1125 g di latte, 250 g panna, 300 g zucchero, 62,5 di latte in polvere, 10,5 g di stabilizzante, 150 g di tuorli.
Per la granita di sake: 700 g di sake, 1000 g di acqua, 350 g di zucchero.
Fettine di prosciutto crudo per guarnire.

Per la marmellata: scaldare un terzo della birra e sciogliervi lo zucchero, raggiungere circa 60 °C. A parte bollire l'acqua e versare la pectina a pioggia frullando con un frullatore a immersione. Aggiungere la pectina alla birra e raffreddare la marmellata. Per le bucce di fico: cuocere le bucce con lo zucchero e 200 g di acqua fino a raggiungere i 75 °C. A parte fare prendere il bollore a 100 g di acqua, unire e sciogliere l'agar agar e la colla di pesce precedentemente ammollata in acqua. Versare il tutto nella pentola con le bucce, aggiungere il succo di limone e frullate grossolanamente con il robot da cucina. Stendere il composto su un silpat per tutta la larghezza e lasciare gelatinare nell'abbattitore. Tagliare il composto in 15 quadrati di 3 x 5 centimetri. Prendere la polpa dei fichi e mescolarli alla marmellata già preparata. Per il gelato: bollire il latte e la panna con lo zucchero, aggiungere il latte in polvere e lo stabilizzante, mescolare e versare i tuorli. Filtrare il tutto e aggiungere la birra. Frullare e mantecare in una gelatiera. Per la granita: bollire l'acqua con lo zucchero, fare raffreddare e aggiungere il sake. Mettere il composto nel freezer fino al momento di utilizzarlo. Tagliare le fette di prosciutto a listarelle larghe 3 mm, stenderle tra due silpat e cuocerle in forno a 190 °C per 8 minuti. Mettere sul piatto da portata il composto di fichi e la marmellata di birra e sopra un quadrato di bucce. Disporre una pallina di gelato alla birra, una quenelle di granita e decorate con le fettine di prosciutto, tagliate alla julienne e passate in forno a 140 °C per renderle croccanti.

AURORA MAZZUCCHELLI

Nata a Bologna nel 1973, proviene da una famiglia vocata alla ristorazione, papà cuoco e mamma sfoglina. Si definisce "autodidatta" per passione. Nel 2000 insieme al fratello Massimo prende le redini del ristorante di famiglia, iniziando il suo percorso in cucina; unisce creatività, curiosità e una grande personalità a una costante attenzione ai prodotti del territorio. La sua presenza è richiesta nelle più importanti manifestazioni gastronomiche straniere.

RISTORANTE MARCONI
Via Porrettana, 291
Sasso Marconi (BO)
Tel. 051846216

Risotto “ricordo di una rossa”

Ingredienti per 4 persone: 400 g di riso integrale Rosa Marchetti, 300 g di peperoni rossi, 1 scalogno, 200 g di birra rossa Città Vecchia, olio extravergine d’oliva, burro, sale.

Arrostire i peperoni sulla griglia. Metterli in un contenitore coperti da una pellicola ed eliminare la pellicina annerita. Togliere i semi e frullare la polpa con poco olio fino a ottenere una salsa. Rosolare lo scalogno tagliato finemente, tostarvi il riso, salare, sfumare con la birra e proseguire la cottura per 30 minuti circa unendo se necessario acqua calda salata. Al termine della cottura, mantecare con un po’ di burro, adagiare il riso sul piatto da portata e macchiarlo con la salsa di peperoni.

Tartara di manzo con spuma di birra

Ingredienti per 4 persone: 400 g coscia di manzo, 200 g di birra Guinness scura, 250 g di panna fresca, 130 g di tuorli, 2,5 g di gelatina alimentare, olio extravergine d'oliva, sale, pepe.

In una terrina cuocere a bagnomaria la birra con 100 g di panna e i tuorli a 80 °C. Unire la gelatina alimentare. A questo punto togliere dal calore; quando raggiunge i 60 °C aggiungervi la restante panna, filtrare, versare nel sifone da mezzo litro. Chiudere il sifone e caricarlo con una bomboletta; lasciare riposare in frigorifero per 2 ore prima dell'utilizzo. Privare la carne di eventuali parti nervose e ricavare una tartara a coltello. Condire con sale, pepe e olio. Servire con la spuma di birra.

Quaglia in cocotte con funghi galletti e birra alle castagne

Ingredienti per 4 persone: 4 quaglie (1,5 kg circa), 120 g di foie gras d'anatra, 1 carota, 1 scalogno, 400 g di birra Beltaine alle castagne, 200 g di brodo di pollo, 200 g di funghi galletti freschi, olio extravergine d'oliva, sale, pepe.

Pulire le quaglie privandole delle interiora e farcirle con il foie gras. Tritare la carota e lo scalogno, rosolarli nella cocotte e unirvi le quaglie farcite. Quando avranno preso colore sfumarle con la birra, salare, pepare, coprirle con un coperchio e portarle a cottura; se necessario bagnare la carne con il brodo tiepido. A parte rosolare velocemente i funghi in padella, salare e accompagnare alle quaglie farcite.

Salmerino affumicato, birra e arancia

Ingredienti per 4 persone: 1 kg di salmerino del Corno delle Scale, 150 g di zucchero di canna o grezzo, 1 g di anice stellato, 1 arancia non trattata, 300 g di birra bionda Opale, 0,01 g di xantana, 50 g di burro, 200 g di zucca, 125 g di sale fino di Cervia, pepe. Trucioli e fieno per affumicare.

Pulire e sfilettare il salmerino ricavando quattro filetti, adagiarli su una placca da forno, cospargerli con una miscela composta di sale e zucchero, poco pepe e anice stellato tritato. Coprire con pellicola alimentare e riporre in frigorifero per 1 ora circa. Trascorso questo tempo, sciacquare i filetti dal composto aromatico e affumicarli in un tegame basso, coperto con all'interno i trucioli e il fieno in precedenza bruciati.
Tagliare l'arancia con l'affettatrice, adagiare le fette su una placca rivestita di carta da forno e lasciarle essiccare a 70 °C per circa 3 ore.
Emulsionare la birra con la xantana fino a ottenere un liquido denso.
Rosolare i filetti affumicati con il burro in padella, adagiarli sul piatto dove avrete messo in precedenza la birra; completare il piatto con le fette d'arancia e la polpa di zucca cotta al forno sotto sale.

Dolce di castagne, cioccolato bianco e crema di zabaione alla birra

Ingredienti per 4 persone. Per la crema di zabaione: 100 g di birra ad alta fermentazione Baladin Leön, 200 g di zucchero, 125 g di cioccolato bianco, 100 g di tuorli, 6 g di gelatina alimentare, 500 g di panna montata a lucido.
Per la crema di castagne: 400 g di castagne fresche, 20 g di zucchero, 1 pizzico di vaniglia in bacche.
Per il cioccolato bianco soffiato: 300 g di cioccolato bianco, 60 g di olio di semi di vinacciolo.
Per il croccante "sasso al carbone": 60 g di maltodestrina, 30 g di farina di castagne, 15 g di zucchero a velo, 30 g di olio di girasole, 50 g di olio al carbone, 20 g di pasta di sesamo nero (ottenuta tostando il sesamo e frullandolo con dell'olio di semi; setacciare e conservare in frigorifero).
Per il croccante "roccia agrume": 125 g di zucchero, 50 g di acqua, 25 g di fizzy (effervescente granulare), 10 g arancia secca polverizzata.
Per la meringa alle spezie: 70 g di albume, 150 g di zucchero, noce moscata, cannella, sale, pepe nero.

Per lo zabaione, preparare lo sciroppo con la birra e lo zucchero. Tritare il cioccolato. Fare una *pâte à bombe* con i tuorli e lo sciroppo cuocendoli fino a 82 °C, aggiungervi la gelatina precedentemente ammollata; continuare a montare fino a raffreddamento. Sciogliere il cioccolato a 40 °C, unirlo al composto di tuorli e terminare aggiungendo poco per volta la panna montata.
Per la crema di castagne, bollire i frutti, sbucciarli e rimetterli sul fuoco con lo zucchero, la vaniglia. Coprire d'acqua le castagne. Farle stracuocere

e frullarle con il frullatore a immersione ottenendo così una crema. Setacciare il composto per ottenere una salsa quanto più liscia possibile. Per il cioccolato bianco soffiato, raffreddare in freezer una boule di acciaio. Nel frattempo tritare finemente il cioccolato, aggiungervi l'olio e sciogliere il tutto al microonde facendo attenzione a non bruciare il cioccolato. Quando sarà sciolto setacciare il composto all'interno di una caraffa e attendere che raggiunga i 25 °C. Non appena il composto si sarà "raffreddato", versarlo in un sifone, caricarlo e spumarlo all'interno del contenitore ghiacciato. Riporre subito il tutto nel freezer e attendere che si stabilizzi. Per il croccante "sasso al carbone", creare una mistura al carbone unendo tutti gli ingredienti tenendo da parte 30 g di malto destrina. Prendere 30 g del composto e unirvi la restante malto destrina, compattare il tutto e formare dei piccoli sassi con le mani. Mettere i "sassi" così ottenuti su una padella calda e cuocerli per compattarli definitivamente. Per il croccante "roccia agrume", portare zucchero e acqua a 135 °C, togliere dal fuoco, aggiungere l'arancia polverizzata, il fizzy, mescolare e versare in un piccolo contenitore d'acciaio.
Per la meringa alle spezie, montare gli albumi con lo zucchero e il sale, ottenendo così una meringa. Stendere il composto su una placca da forno e cospargerlo con le spezie, seccare in forno a 120 °C per 6 ore circa. Togliere dal forno e una volta freddata romperla. Servite disponendo su un piatto da portata la crema di castagne, la crema di zabaione al cioccolato bianco e birra, il cioccolato bianco soffiato e infine i croccanti e la meringa sbriciolati.

MARCO STABILE

Quarant'anni anni, toscano. Dopo un percorso lavorativo che lo ha portato ad affinare le tecniche e coltivare il talento, Stabile è arrivato al progetto del ristorante "Ora d'Aria". Qui ha avuto la possibilità di esprimere al meglio la sua personalità e il suo spirito curioso, cosmopolita e innovativo, forte però di una radicata tradizione che è cultura, famiglia, territorio, con il coraggio di rivelarsi nella magia di quei sapori che rimandano all'infanzia, carichi però di una straordinaria contemporaneità.

RISTORANTE ORA D'ARIA
Via dei Georgofili, 11 Rosso
Firenze
Tel. 0552001699

Carpaccio di baccalà marinato alla "9" con insalatina di asparagi di mare e ciliegie

Ingredienti per 4 persone: 300 g di baccalà alto dissalato, 1 patata, 1 bottiglia di birra "La 9" dell'Olmaia, 150 g di asparagi di mare, 12 ciliegie, olio extravergine d'oliva, 1 spicchio d'aglio, sale, pepe nero.

Marinare il baccalà ben dissalato e la patata affettata sottilmente nella birra per almeno 5 ore tenendolo coperto e al fresco in frigorifero. Nel frattempo scottare gli asparagi di mare in acqua bollente per 2 minuti circa. Mettere un goccio d'olio in una padella antiaderente con l'aglio sbucciato e tagliato a metà, far rosolare, togliere e unire gli asparagi. Saltare per pochi minuti e aggiungere le ciliegie private del nocciolo e tagliate in quattro parti ciascuna. Disporre nei piatti (se si vuole ottenere una forma ben definita usare un cerchio per sistemarli al centro dei piatti); togliere il baccalà dalla birra, scolarlo, asciugarlo e tagliarlo a fettine molto sottili. Coprire quasi interamente gli asparagi con le fette, condire con pepe macinato al momento e un filo d'olio. Friggere a 180 °C la patata, dopo averla asciugata, regolare di sale e disporre sopra il baccalà.

La super tartara

Ingredienti per 4 persone: 320 g di carne fassona piemontese pura (scamone), 200 cl di birra Pilsner Urquell, 20 cl di olio extravergine d'oliva del Chianti, 1 pera Williams, 1 vaschetta di shiso green (sesamo selvatico), 7 g di sale di Maldon, pepe selvaggio del Madagascar.

Tagliare la carne in fette sottili dello spessore di 5 millimetri e sistemarle in una terrina. Ricoprire di birra ben fredda e lasciare marinare per circa 3 minuti. Scolare, asciugare, tagliare in piccoli dadini e condire nell'ordine con pepe, sale di Maldon, olio. Lavorare bene fino a che l'olio non sarà completamente assorbito dalla carne. Disporre nel piatto da portata e mettere sopra la tartara la pera tagliata a bastoncini: servirà per facilitare la digestione della carne cruda. Accompagnare con shiso green, che darà un tocco aromatico alla tartara.

Tortelli farciti di Pilsner Urquell liquida con salsa di zafferano e ostrica

Ingredienti per 4 persone: un panetto di 300 g di pasta fresca all'uovo, 1 bottiglia da 33 cl di birra Pilsner Urquell, 20 g di miele di girasole, 2 g di agar agar in polvere, 4 ostriche freschissime, brodo vegetale, stigmi di zafferano di San Miniato, olio extravergine d'oliva, 1 rametto di erba cedrina fresca.

Sobbollire per 5 minuti in una casseruola la birra con il miele e la polvere di agar agar aggiunti a freddo. Versare in un vassoietto con bordi alti per almeno 2 cm di altezza. Far raffreddare finché non avrà preso una consistenza gelatinosa. Su un piano di lavoro stendere il panetto di pasta ben fine, ritagliare dei quadrati, farcire con un piccolo cilindro di gelatina di birra e richiudere spennellando i bordi con un po' d'acqua. Aprire le ostriche tenendo da parte l'acqua all'interno, metterle in una terrina on ghiaccio senza il guscio. Sobbollire il brodo vegetale con lo zafferano per pochi minuti (finché non si sarà sciolto e avrà pervaso il brodo di colore e profumo), aggiungere l'acqua delle ostriche e spengere il fuoco. Cuocere i tortelli in acqua bollente salata per pochi minuti, versare il brodo di zafferano e ostrica nel piatto, collocare l'ostrica cruda al centro e adagiare intorno i tortelli (almeno 5 per persona). Condire con un filo sottile di olio e mettere sopra ogni tortello una fogliolina di erba cedrina.

Quaglia farcita di fiori di zucca e peperoni con tartara di patate viola e zabaione di birra Super

Ingredienti per 4 persone: 4 quaglie disossate, 1 peperone rosso arrostito e spellato, 4 fiori di zucca femmina freschi, 4 patate viola (in alternativa patate a buccia rossa), olio extravergine d'oliva, birra Ondineke, 1 uovo e 1 tuorlo freschissimi, 50 cl di birra Super di Baladin, erba cipollina, sale, pepe nero.

Mettere ben spianate le quaglie sul tavolo, salare e pepare. Adagiarvi sopra il peperone e successivamente i fiori di zucca privati del picciolo e ben aperti. Arrotolare ogni quaglia su se stessa e legare ben stretto con lo spago da cucina in modo da ottenere 4 piccoli rollè. Rosolare in padella da tutti i lati e finire la cottura in forno a 120 °C per circa 8 minuti. Far riposare almeno 10 minuti. Lessare le patate con la buccia. A cottura ultimata sbucciare, tagliare a dadini e condire con sale, pepe, olio e un goccio di birra Ondineke. Collocare nel piatto le patate, aggiungere la quaglia tagliata a fette regolari, aggiungere un filo d'olio. Montare l'uovo intero e il tuorlo con l'aiuto del frullatore a immersione aggiungendo dopo qualche minuto 50 cl di birra Super. Coprire la quaglia con lo zabaione di birra e guarnire con fili di erba cipollina.

Le torte disidratate con chips croccanti di frutta e birra Palanfrina

Ingredienti per 6 persone: un totale di 400 g di torte varie a pasta lievitata senza frutta né cioccolato (per esempio cheesecake alle fragole, torta di semolino, castagnaccio, pan di ramerino, schiacciata con l'uva), 1 arancia, 1 mela verde Granny Smith, 50 g di zucchero, 1 bottiglia di birra Palanfrina.

Per le cialde croccanti di frutta, tagliare l'arancia e la mela a fette dello spessore di 2 millimetri. Bollire lo zucchero con 30 g di acqua per circa un minuto. Far intiepidire lo sciroppo ottenuto, passarvi le fettine di frutta aiutandovi con un cucchiaio e porle sgocciolate su una teglia rivestita di carta da forno. Preparare un'altra teglia con carta da forno e mettervi tutte le torte tagliate a listarelle dello spessore di circa 1,5 centimetri. Farle asciugare in forno a 70 °C per almeno 2 ore.

Disporre le fettine di torta e la frutta in un piatto fondo (meglio trasparente per un effetto scenografico) e, davanti agli ospiti, versare metà bottiglia di birra suddividendola per quattro nei piatti, mentre l'altra metà sarà versata nei bicchieri. Attendere 2-3 minuti per far assorbire la birra (magari odorandone le magnifiche sfumature di castagne affumicate) e dare il via alla cerimonia: metà da mangiare, metà da bere!

SERGIO MARIA TEUTONICO

Di origine abruzzese ma cresciuto a Milano, è noto al grande pubblico per la sua trasmissione televisiva "Colto e mangiato", in onda su Alice TV, e per un altro fortunato programma televisivo di LA7, "Chef per un giorno". È chef di cucina e sommelier con oltre vent'anni di esperienza nelle cucine di tutto il mondo. Ha scritto libri di successo come *Di necessità... menu* e *Il pollo, il cuoco e la motocicletta*, ed è voce nota di Radio Capital, dove delizia il pubblico con le sue ricette. L'ultimo gioiello creato dalla sua mente vivace è "La Palestra del Cibo-Cooking Gym", la sua scuola di cucina, a Torino.

LA PALESTRA DEL CIBO
Via Principessa Clotilde, 38
Torino
Tel. 0110266397

Lumache fritte in pastella alla birra

Ingredienti per 4 persone: 300 g lumache, rosmarino, aglio, birra di castagne Strada San Felice del Birrificio Grado Plato (ambrata, prodotta a bassa fermentazione), farina di farro, farina 00, olio extravergine d'oliva, sale.

Dopo aver messo a spurgare perfettamente le lumache, trasferirle in una pentola immergendole in acqua fredda con pochissimo sale e un rametto di rosmarino. Portare a ebollizione e lasciare cuocere per 25 minuti aggiungendo, quando mancano 5 minuti al termine di cottura, un dente d'aglio e mezzo bicchiere di birra. Asciugare con cura le lumache, passarle in una pastella fatta mescolando le due farine legate con la restante birra e un pizzico di sale (prima fate sciogliere il sale nella birra): la consistenza della pastella dovrà essere abbastanza densa e non dovrà assolutamente scivolare via dalle lumache. Friggere in abbondante olio (meglio ligure).

Tagliolini con ragù di gallina bionda di Villanova e birra

Ingredienti per 4 persone: 400 g di polpa di gallina bionda di Villanova, 100 g di birra Maerzen del Birrificio Grado Plato (chiara, stagionale estiva).
Per i tagliolini: 400 g di farina 00, 4 uova, sale.
Per il ragù: 300 g di cipolla, 200 g di carota, 100 g di sedano, 1 spicchio d'aglio, salvia, rosmarino, maggiorana, 50 g di concentrato di pomodoro, olio extravergine d'oliva, sale, pepe.

Tritare con il coltello la carne di gallina e, dopo avere ottenuto un trito molto fine, metterlo a marinare con la Maerzen, un pizzico di sale e un giro di mulinello di pepe. Mentre la carne si insaporisce preparare i tagliolini: disporre la farina a fontana, versarvi nel centro le uova e 10 g di sale, quindi impastare dapprima lentamente e poi con energia per circa 15 minuti. Dalla massa liscia e compatta ottenuta ricavare i tagliolini che dovranno avere spessore di 1 millimetro e larghezza di 2.
Prima di sfogliare i tagliolini, lasciare riposare l'impasto coperto con uno strofinaccio pulito per almeno 30 minuti.
Preparare il ragù con un trito di cipolla, carota, sedano e aglio uniti alle erbe aromatiche. In una casseruola farlo sudare con l'olio (un Torcolano sarebbe eccellente), quindi aggiungere la carne marinata nella birra scolandola bene (tenere da parte la birra) e farla rosolare con cura. Aggiungere ora la birra della marinata con un mestolo d'acqua calda in cui sarà stato sciolto il concentrato di pomodoro. Lasciare che il tutto sfumi e portare lentamente a cottura. Se necessario aggiungere altra acqua (del brodo sarebbe meglio). Regolare se necessario di sale e di pepe. Cuocere i tagliolini in acqua salata e condirli con il ragù.

Cosciotto di capriolo alla birra con crema di patate schiacciate

Ingredienti per 4 persone: 1 cosciotto di capriolo disossato, maggiorana, timo, origano, 400 g di pasta di salsiccia fresca, 200 g lardo di Arnad, 100 g di sedano, 300 g di carota, 500 g di cipolla, 500 g di patate farinose, olio extravergine d'oliva, sale, pepe.
Per la marinata: 500 g di scalogno, 300 g di carota, 5 spicchi d'aglio, chiodi di garofano, cannella, alloro, pepe in grani, 2 litri di birra Chocarrubica del Birrificio Grado Plato (scura con fave di cacao, carrube siciliane e avena).

Prendere il cosciotto di capriolo, aprirlo, salarlo e peparlo. Condirlo con un trito di erbe aromatiche, quindi farcirlo con la pasta di salsiccia e il lardo a fettine. Legare la carne con spago da cucina e metterla a marinare con tutti gli ingredienti coprendola con la birra, tenendone da parte 1 bicchiere (usare un capiente contenitore con coperchio). Lasciare riposare il cosciotto per 48 ore in frigorifero rigirandolo ogni tanto. Quando il periodo di marinatura sarà terminato, scolare la carne e asciugarla con cura. Farla rosolare in un po' d'olio per alcuni minuti, quindi aggiungere sedano, carota e cipolla a pezzetti, cuocere per 20 minuti, sfumare con la birra tenuta da parte, insaporire per altri 5 minuti, quindi togliere la carne dal fuoco. Mettere il cosciotto in forno, coprirlo con carta stagnola e infornarlo a 180 °C per un'ora e mezza. Trascorso il tempo di cottura scoprire la carne e cuocere a teglia scoperta per altri 40 minuti a 140 °C, bagnando la carne di tanto in tanto con il proprio fondo di cottura. Nel frattempo preparare la crema di patate: filtrare il fondo di rosolatura del capriolo e metterlo da parte. Sbucciare le patate e tagliarle a pezzetti, farle rosolare in padella con poco olio, sale, pepe. Unire il fondo di rosolatura del capriolo appena filtrato, quindi ricoprire le patate con acqua calda e cuocere a fuoco dolce fino a che il tutto sarà asciutto. Schiacciare le patate con la forchetta ottenendo un crema grossolana da usare come base su cui servire il capriolo. Quando il capriolo sarà cotto, toglierlo dalla teglia e affettarlo a piacere. Disporre sulle patate schiacciate e condire il tutto con il fondo di cottura rimasto nella teglia.

Zuppa di pesce su pane alla Melissa

Ingredienti per 4 persone: 1,5 kg di pesce (triglie, cicale, scampi, calamari, merluzzetti, coda di rospo), 1 kg di cozze, 500 g di vongole, 800 g di pomodori da sugo maturi, 3 spicchi d'aglio, peperoncino, prezzemolo, 1 peperone verde, olio extravergine d'oliva, sale.
Per il pane alla birra: 500 g di farina 00, 1 g di lievito di birra, 250 g di birra Melissa del Birrificio Grado Plato (dorata, al miele), 10 g di zucchero, 30 g di olio extravergine d'oliva, 20 g di sale.

Innanzi tutto preparare il pane alla birra: in una terrina sciogliere il lievito di birra nella Melissa, quindi unite la farina e impastate con energia. Aggiungere dopo qualche minuto il sale, impastare ancora, quindi unire l'olio. Quando l'impasto sarà liscio e omogeneo, coprirlo e lasciare che raddoppi il suo volume. Nel frattempo ungere uno stampo da plumcake e tenerlo a portata di mano. Quando l'impasto sarà raddoppiato di volume, impastarlo di nuovo per almeno 5 minuti. Lavorarlo con energia: la fatica vale il risultato. Disporre l'impasto nello stampo, coprire e lasciare lievitare per 1 ora. Cuocere in forno a 180 °C per 50 minuti circa. Quando sarà cotto sfornare, togliere dallo stampo e lasciare raffreddare il pane.
Per la zuppa di pesce: preparare un sughetto di pomodoro facendo cuocere in un tegame capiente, meglio se di terracotta, il pomodoro a pezzi, l'aglio, il peperoncino, il prezzemolo tritato e il peperone tagliato sottilmente. Unire un filo d'olio e fare cuocere a fuoco basso per 20 minuti circa. Quando il sugo di pomodoro sarà pronto, toglierne tre quarti dal tegame. Disporre sul restante sugo gli scampi e le cicale, poi aggiungere del sugo di pomodoro tenuto da parte, quindi via via unire gli altri pesci puliti e squamati. Alla fine unire cozze e vongole, pulite e spurgate. Coprire con un coperchio e cuocere per 30 minuti a fuoco dolcissimo. Nel frattempo tagliare il pane a fette, farle abbrustolire al forno (meglio sulla brace), agliarle e tenerle pronte all'uso. Quando la zuppa sarà cotta servire con il tegame e accompagnare il tutto con il pane abbrustolito.

Semifreddo al torrone e birra con crema inglese al malto

Ingredienti per 4 persone: 300 g di torrone, 3 tuorli e 3 albumi, 60 g di zucchero, 50 g di birra Sticher del Birrificio Grado Plato (ambrata, ad alta fermentazione), 350 g di panna fresca.
Per la crema inglese: 6 tuorli, 100 g di zucchero, 200 g di latte intero, 300 g di panna fresca, 50 g di malto.

Montare a nastro i tuorli con lo zucchero, unirvi il torrone tritato finemente e la birra. In una terrina montare gli albumi e in un'altra la panna. Incorporare il tutto al composto di torrone, con delicatezza, iniziando con gli albumi. Trasferire in stampi da freezer e fare raffreddare alcune ore.
Per la crema inglese: in una bastardella montare i tuorli con lo zucchero. A parte scaldare il latte con la panna sciogliendovi il malto. Unire ora la parte liquida ai tuorli montati. Mescolare con cura e rimettere in cottura a bagnomaria fino a che il composto comincerà ad addensarsi un poco. La crema sarà pronta quando velerà il dorso del cucchiaio utilizzato per mescolarla. Fare raffreddare. Servire il semifreddo insieme alla crema inglese.

INDICE DELLE RICETTE

Ringrazio Luca Gatteschi che con la sua partecipazione
ai Mondiali 2006 mi ha fatto diventare appassionato di birra.

Progetto grafico: arachidepiù

Finito di stampare nel mese di gennaio 2013
presso Elcograf S.p.A., stabilimento di Cles (Trento)
Stampato in Italia – Printed in Italy